一口气读懂常识丛书
YIKOUQI DUDONG CHANGSHI CONGSHU

一口气读懂

生活常识

NEW

本书编写组◎编

世界图书出版公司
广州·上海·西安·北京

图书在版编目（CIP）数据

一口气读懂生活常识 /《一口气读懂生活常识》编写组编 . —广州 ：广东世界图书出版公司，2010. 6 （2021.5 重印）

ISBN 978 - 7 - 5100 - 1552 - 6

Ⅰ. ①一… Ⅱ. ①一… Ⅲ. ①生活 - 知识 - 青少年读物 Ⅳ. ①TS976. 3 - 49

中国版本图书馆 CIP 数据核字（2010）第 108883 号

书　　名	一口气读懂生活常识 YIKOUQI DUDONG MEISHU CHANGSHI
编　　者	《一口气读懂生活常识》编写组
责任编辑	冯彦庄
装帧设计	三棵树设计工作组
责任技编	刘上锦　余坤泽
出版发行	世界图书出版有限公司　世界图书出版广东有限公司
地　　址	广州市海珠区新港西路大江冲 25 号
邮　　编	510300
电　　话	020-84451969　84453623
网　　址	http://www.gdst.com.cn
邮　　箱	wpc_gdst@163.com
经　　销	新华书店
印　　刷	三河市人民印务有限公司
开　　本	787mm × 1092mm　1/16
印　　张	13
字　　数	160 千字
版　　次	2010 年 6 月第 1 版　2021 年 5 月第 8 次印刷
国际书号	ISBN　978-7-5100-1552-6
定　　价	38.80 元

前 言

人们每天都在生活，可是又有多少人会静下心来认真考虑一下，我们怎样生活才会更健康？

其实，生活也是一门学问，不懂得其中的学问，我们就可能会在不知不觉中失去很多原本很美好的事物，我们就可能会养成很多不好的习惯，从而会影响到我们的身体健康，以及工作和生活质量，为此我们就必须探讨一下应该怎样生活。

那么究竟怎样生活才更健康、更科学呢？这需要我们重新回到生活中来，因为只有在生活中总结出来的经验，才具有指导性，才具有科学性，才有说服力，才更适用。

为此我们就必须学习一些必要的生活常识，因为生活常识是人们在很长一段时间以来，在日常生活中不断探索、分析和总结得出的科学的健康的知识。它涉及营养、饮食、家居、穿衣、护肤、运动等生活的众多方面。在人们生活中，生活常识可以说是无处不在，所以我们时时处处都要和它们打交道，比如，如何识别绿色食品，哪些食物有助于增强记忆力，青少年怎么吃才能健康减肥瘦身，哪些生活习惯会损坏大脑，脸上毛孔粗大怎么办等等生活中可能会遇到的问题，都需要我们了解并学习相关的常识。

本书从服务大众，提倡健康生活，矫正不良生活习惯的主旨出发，主要针对青少年读者，收集了大量的有关生活中各个方面的常识，内容翔实，通俗易懂，并以提问的方式，直白明了地阐述了生活中青少年可能遇到的一些小问题及解决方法，以及一些生活中常见现象的相关知识。

全书主要包括健康饮食、日常保健、穿衣护肤、运动休闲四个生活方面的内容。每个方面的每个小节都贴近日常生活，都是生活中倍受人们关注的事项，或是青少年经常接触的常识。所以说本书对人们尤其是青少年如何健康地成长非常具有指导性意义。

希望青少年通过阅读本书可以养成一种更积极、更健康、更安全、更时尚的生活方式，并增强对健康生活的热爱和向往，同时提高青少年的生活质量。

当然，鉴于编者的知识水平和经验有限，本书中难免会存在许多不足之处，敬请广大读者朋友批评指正！

目　录

健康饮食篇

日常保健篇

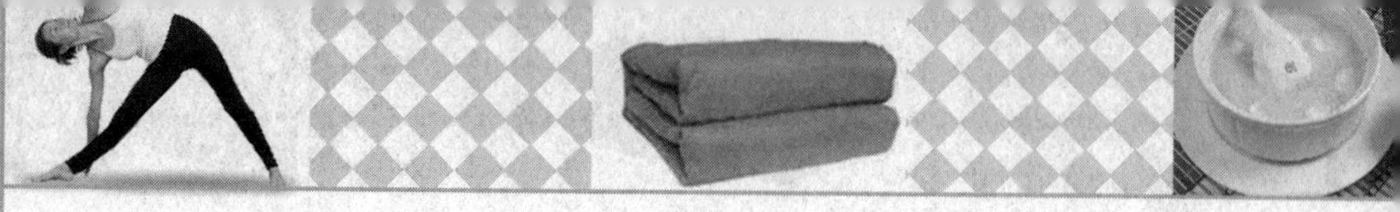

穿衣护肤篇

运动休闲篇

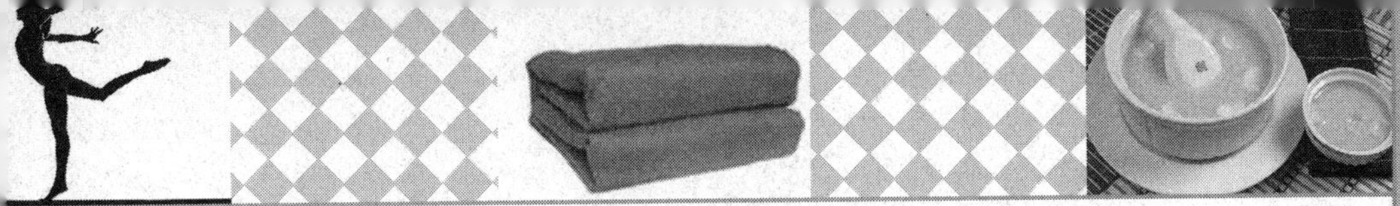

健康饮食篇

什么是绿色食品？

绿色食品在中国是对无污染的安全、优质以及营养类食品的总称，是指按特定生产方式生产，并经国家有关专门机构认定，准许使用绿色食品标志的无污染、无公害、安全、优质和营养型的食品。1990 年 5 月，中国农业部正式规定了绿色食品的名称、标准及标志。标准规定如下：

1. 产品或产品原料的产地必须符合绿色食品的生态环境标准。

2. 农作物种植、畜禽饲养、水产养殖及食品加工必须符合绿色食品的生产操作规程。

3. 产品必须符合绿色食品的质量和卫生标准。

4. 产品的标签必须符合中国农业部制定的《绿色食品标志设计标准手册》中的有关规定。

绿色食品的标志为绿色正圆形图案，上方为太阳，下方为叶片与蓓蕾，标志的寓意为保护。

在许多国家，绿色食品又有着许多相似的名称和叫法，诸如“生态食品”、“自然食品”、“蓝色天使食品”、“健康食品”以及“有机农业食品”等。由于在国际上，对于保护环境和与之相关的事业已经习惯冠以“绿色”的字样，所以，为了突出这类食品产自良好的生态环境和经过严格的加工程序，在中国，它们统一被称作“绿色食品”。

简而言之，绿色食品就是指在无污染的条件下种植、养殖，施有机肥料，不用高毒性、高残留农药，在标准环境、生产技术和卫生标准下加工生产，经权威机构认定并使用专门标识的安全、优质以及营养类食品的统称。

如何识别绿色食品？

前面已经详细地了解了什么是绿色食品，就是我国经专门机构认定的一种无污染的安全、优质以及营养类食品的统称。这类食品在国外也被叫做自然食品、有机食品和生态食品。

我国的绿色食品事业起步于20世纪90年代初，1990年5月15日政府决定开发绿色食品。绿色食品的标志由太阳、叶片和蓓蕾三部分构成，象征着绿色食品是出自纯净、良好生态环境的安全无污染食品。按照有关规定，绿色食品生产、加工和检验都必须根据特定标准体系实施，只有经过专门机构认定并授予了绿色食品标志使用权的产品才是绿色食品。

绿色食品分为A级绿色食品和AA级绿色食品。A级绿色食品标志许可使用的期限为3年；AA级绿色食品标志有效使用期为1年(农作物为1个生长周期)。到期要求继续使用绿色食品标志的须在许可期满前3个月重新申报。

绿色食品产品的包装上都同时印有绿色食品商标标志，即“中国绿色食品发展中心许可使用绿色食品标志”字样的文字和批准号，同时必须要有标志图形、“绿色食品”中英文、编号。编号形式应符合要求，如绍兴东风酒业有限公司生产的绿色食品“会稽山”牌加饭酒五年陈的编号为LB-39-0101118541，其中“LB”代表绿色食品标志，“39”代表产品类别为酒类，“01”代表批准年份为2001年，“01”代表中国，“11”代表浙江省，“854”代表当年批准的第 854 个产品,“1”代表 A 级绿色食品,如果是“2”则代表 AA 级绿色食品。(注:根据中国绿色食品发展中心[2002]农绿字 5 号文,从 2003 年起,新编码已将末位数的 1 改为 A,如果是 2 则改为 AA,并在年份后增加了月份编码,新的编码将逐渐替代老编码)。

所以,敬请青少年消费者在食用标有绿色食品字样的食品上多加注意,认清绿色食品的真正意义。

食品保质期的新规定是什么?

国家轻工业部对奶粉、甜炼乳、糖果、罐头、饮料、方便面等 12 大类包装食品的保质期作出了如下新的规定:

奶粉:马口铁罐装为 12 个月;玻璃瓶装为 9 个月;500 克塑料袋装为 4 个月。

甜炼乳:马口铁罐装为 9 个月;玻璃瓶装为 3 个月。

糖果:第一、四季度生产的为 3 个月;第二、三季度生产的为 2 个月;梅雨季节生产的为 1 个月。

罐头:鱼类、禽类罐头为 24 个月;水果、蔬菜罐头为 15 个月;易拉罐、玻璃瓶装果汁、蔬菜汁饮料为 6 个月。

饮料:果汁汽水、果味汽水、可乐汽水玻璃瓶装为 3 个月;罐装为 6 个月。

酒类:11~12 度熟啤酒省优以上为 4 个月;普通啤酒为 2 个月;14 度啤酒为 3 个月;10.5 度熟啤酒为 50 天;葡萄酒、果酒为 6 个月;汽酒为 3 个月;瓶装黄酒为 3 个月;露酒为 6 个月。

饼干:镀锡铁罐装为 3 个月;塑料袋装为 2 个月;散装为 1 个

月。

其他类：塑料袋装方便面为3个月；夹心巧克力为3个月；纯巧克力为6个月；油炸干果、番茄酱铁罐装、玻璃瓶装为12个月；酱油和食醋为6个月。

另外，提醒青少年注意，增白食品吃不得。像许多市场上销售的馒头、花卷、包子、粉丝和其他一些水发食品，从表面上看色泽洁白，感觉良好，其实是一些不法商贩在制作工艺中添加了增白剂。

什么叫平衡膳食？

平衡膳食是指选择多种食物，经过合理搭配做出的膳食，这种膳食能满足人们对能量及各种营养素的需求，因而叫平衡膳食。

我们将食物分为2类：①动物性食物，包括肉、鱼、禽、蛋、奶及其奶制品；②植物性食物，包括谷类、薯类、蔬菜、水果、豆类及其制品，食糖类和菌藻类。

不同种类的食物营养素也不同：如动物性食物以及豆类都含有优质蛋白质；蔬菜和水果含维生素、矿物盐及微量元素；谷类、薯类和糖类含碳水化合物；食用油含脂肪；肝、奶以及蛋含维生素A；肝、瘦肉和动物血含铁。

这些营养素之间相互配合，又相互制约。如维生素C能促进铁的吸收；脂肪能促进脂溶性维生素A、维生素D、维生素E以及维生素K的吸收；微量元素铜能促进铁在体内的运输和储存；碳水化合物和脂肪而又能保护蛋白质，减少其消耗；而磷酸和草酸能影响钙、铁吸收。所以,只有吃膳食结构合理的混合膳食,才能满足儿童对食物营养的摄取。

平衡膳食应满足下列条件:

1. 一日膳食中各种营养素应品种齐全,具体包括供能食物和非供能食物。供能食物,如蛋白质、脂肪及碳水化合物;非供能食物,如维生素、矿物质、微量元素及纤维素。

2. 膳食中的各种营养素应满足儿童生长发育需要,不能过多,也不能过少。

3. 营养素之间比例应恰当。如蛋白质、脂肪、碳水化合物供热比例为1∶2.5∶4,优质蛋白质应占蛋白质总量的1/2~2/3,动物性蛋白质占1/3。三餐供热比例为早餐占30%左右,中餐占40%左右,晚餐占25%左右,午后点心占5%~10%。

4. 食用容易被消化吸收的食物。

所以,青少年要做到平衡膳食,就得从每天的餐桌饮食合理搭配开始,也就是要吃多样化食物。因为人体所需营养素达近50种,缺一不可,没有一种天然食物能满足人体所需的全部营养素,因而,膳食必须由多种食物组成。

平衡膳食应包括哪些食物?

《黄帝内经·素问》中提出“五谷为养,五果为助,五畜为益,五菜为充”的配膳原则,体现了食物的多样化和平衡膳食的要求。那么,平衡膳食应包括哪些食物呢?下面我们给青少年介绍几种平衡膳食的常见食物种类。

首先说一下平衡膳食要满足的基本要求:

1. 碳水化合物、脂肪、蛋白质三者的比例应恰当,具体比值上面已提到。

2. 足够的热能。

3. 能供给各种无机盐和维生素。

这就要求膳食中有足够量的种类,如豆类、蔬菜类、水果类、肉类、乳类、蛋类、鱼虾类及植物油。

对于一般人来说,可按粮食占膳食总重量的41%,肉、蛋、奶、鱼和豆制品占16%,蔬菜水果占41%,油脂占2%来安排膳食。粮食类食品每日大约需500~600克,除米面外,做饭时加点绿豆、红小豆等干豆,能补充粮食中所缺的赖氨酸,也提倡大家常吃粗粮。肉、蛋、奶和豆制品等蛋白质食品可根据经济状况加以调节,条件好的可以多吃点动物性食品,条件差的可多吃点豆类食品,一般每日摄入50~100克瘦肉、1枚鸡蛋和50克豆类,这样能比较好地满足机体对蛋白质的需求。蔬菜、水果类食品每天至少要吃到500克,其中一半应是绿色蔬菜,品种尽量多些。油脂类每天25克比较适宜,以植物油比较理想。

什么是酸性食物和碱性食物?

市面上有许多好吃的东西,几乎都是酸性的,如鱼、肉、米饭、酒以及砂糖等,都属于酸性食物;相反,如海带、蔬菜、白萝卜及豆腐等都属于碱性食物,这些食物多半不易引起人的食欲,但却对身体有益。好多人误以为,酸的东西就属于酸性食物,如一见就会令人流口水的草莓、柠檬等,其实不然,这些东西正是属于典型的碱性食物。

我们可以参考食物中的钙、磷的含量来判断食物属于碱性还是酸性，一般钙质多的是碱性食物，磷质多的是酸性食物。所以，我们应该多注意平日里所吃的东西，看看是否有酸性过度的倾向。

从营养的角度看，酸性食物和碱性食物的合理搭配是身体健康的保障。

强酸性食品：蛋黄、乳酪、甜点、白糖、金枪鱼、比目鱼等。

中酸性食品：火腿、鸡肉、猪肉、鳗鱼、牛肉、面包、小麦等。

弱酸性食品：白米、花生、啤酒、海苔、章鱼、巧克力、空心粉、葱等。

强碱性食品：葡萄、茶叶、葡萄酒、海带、柑橘类、柿子、黄瓜、胡萝卜等。

中碱性食品：大豆、番茄、香蕉、草莓、蛋白、梅干、柠檬、菠菜等。

弱碱性食品：红豆、苹果、甘蓝菜、豆腐、卷心菜、油菜、梨、马铃薯等。

概括地说，碱性食物主要分为：蔬菜、水果类；海藻类；坚果类；发过芽的谷类、豆类。酸性食物主要分为：淀粉类；动物性食物；甜食；精制加工食品(如白面包等)；油炸食物或奶油类；豆类(如花生等)。

食物的酸碱性就是取决于食物中所含矿物质的种类和含量多少的比率而定：钾、钠、钙、镁、铁进入人体后呈现的是碱性反应；磷、氯、硫进入人体之后则呈现酸性。

因此，青少年在日常饮食习惯中，不要只吃那些比较可口的酸性食物。一些碱性食物虽然不容易引起食欲,但它对身体非常有益,建议多吃。

不宜混合食用的食物有哪些?

有些食物是可以混合食用的,可有些食物是禁忌混合食用,下面给青少年特意介绍几种不可同时烹煮或食用的食物,否则会引起中毒,甚至有生命危险,为了您的健康安全,千万不可疏忽大意。

1. 鲤鱼与甘草食则死亡。吃麻油100克可解救。

2. 鸡肉与菊花食则死亡。细辛5克、川莲2.5克煎水解救。

3. 蛇肉与萝卜食则死亡。吃鸡血50克解救。

4. 猪肉与芝麻花食则死亡。吃空心菜汁1茶杯解救。

5. 狗肉与绿豆食则肚腹肿大。甘草100克煎水解救。

6. 黄瓜与花生食则腹泻。吃霍香丸10克解救。

7. 蚕豆与田螺食则绞肠痛。服童小便1茶杯可解救。

8. 芥菜与兔肉食则中毒。杨梅水50克煎水服可解救。

9. 冬笋与龟肉食则中毒。甘草100克煎水服可解救。

10. 油煎鸡蛋不可放糖精,食则中毒。牛黄2.5克温开水吞服。

11. 鸡蛋吃后不能吃消炎片,食则中毒。吃黄泥水解救。

12. 冬瓜与鲫鱼食则脱水。吃空心菜汁1茶杯可解救。

13. 发芽的马铃薯(土豆)不可吃,食则中毒。

14. 孕妇不能多吃螃蟹,食则流产。

15. 萝卜:与橘子不可同吃,否则易患甲状腺肿;忌与胡萝卜、何首乌、人参同食。

16. 甘薯：与柿子不可同吃，两者相聚后会引起胃胀、胃痛、呕吐，严重时可导致胃出血等，危及生命；也不宜与香蕉同吃。

17. 韭菜：与菠菜不可同吃，两者同吃有滑肠作用，易引起腹泻；不可与蜂蜜同吃，同吃会引起心痛；不可与牛肉同吃，同吃会令人发燥上火。要特别提醒人们，炒蔬菜时不要放韭菜。

18. 菠菜：不宜与豆腐同吃，因为豆腐中的钙易与菠菜里的草酸结合，形成人体不易消化吸收的草酸钙，常吃者会缺钙；不可与韭菜同吃。

19. 南瓜：不可与富含维生素 C 的蔬菜、水果同吃；不可与羊肉同吃，同吃易发生黄疸和脚气病（维生素 B_1 缺乏症）。

20. 芹菜：忌与酸醋同食，否则易损伤牙齿；不可与黄瓜同吃。

21. 黄瓜：不可与番茄同吃，因为黄瓜中的维生素 C 抑制酶，可破坏番茄里的维生素 C 等营养物质；不可与芹菜同吃。

22. 豆腐：不可与菠菜、竹笋、茭白同吃。

以上这些食物是人们在日常生活中经常吃的一些食物，建议青少年朋友在美食诱惑的面前多加小心。

可以防癌的食物有哪些？

《中国居民膳食指南（2007）》指出：新鲜的蔬菜和水果是最佳抗癌食物。下面给青少年介绍几种在食物中能起到抗癌作用的佼佼者。

1. 草莓享有“水果皇后”和“维生素 C 丸”的美誉。

每 100 克草莓中含有 47~120 毫克维生素 C，为柑橘的 2~3

倍以上，远高过苹果与梨。维生素C是一种抗氧化剂，能抗基因突变，因此具有抗癌作用。除维生素C外，草莓还含有一种名叫鞣花酸（鞣花酸是广泛存在于各种软果、坚果等植物组织中的一种天然多酚组分）的活性物质，具有保护机体细胞不受致癌化学物侵害的作用。食肉过多或少吃菜的人，膳食中往往缺少维生素C，如果每天能吃上五六颗新鲜草莓，基本上能补足人体一天所需的维生素C。

2. 大蒜。

常吃大蒜的人，能使肝癌的发生率降低60%~80%，乳腺癌发生率降低55%~69%。因为大蒜含有一种有机硫化物，它能分解有致癌作用的亚硝铵化合物，而亚硝铵化合物在烧烤和腌渍食物中是经常存在的。另外，大蒜还含有较多的矿物质硒和锗，硒和锗也有助于抗癌。有人称，每周吃一次大蒜，能使大肠癌的风险减少一半。

3. 番茄。

番茄含有丰富的维生素C与番茄红素。研究证实，番茄红素能降低咽癌、胃癌、胰腺癌以及乳腺癌的发生率。应指出的是，番茄红素只有在番茄煮熟时，才能更多地释放出来，被人利用。所以，如果抗癌，就应该将番茄熟吃。

4. 红薯抗癌名列前茅。

据调查显示，常吃红薯的地区，居民的发癌率低，长寿者多。另外，红薯还含有大量的膳食纤维，膳食纤维能吸收肠道内有致癌作用的化学毒物，且刺激肠道蠕动，能迅速排出毒物。

5. 茶叶。

茶叶中有250余种成分,其中最主要的成分是茶多酚。茶多酚中的儿茶酚是一种强抗氧化物质,能有效清除人体内过量的自由基,具有抗癌的作用。在各类茶中,绿茶的抗癌作用最强。

另外,生的和短时间烹调的半生的卷心菜以及日本很早发现的裙带菜与海带都具有抗癌作用。除此之外,我们常吃的大豆及其制品也具有防癌功效。因此,《中国居民膳食指南(2007)》建议国人每天都吃大豆和其制品。所以,在日常饮食生活中,青少年朋友应该将这些食物当做每日必需品来食用。

可以延缓衰老的食物有哪些?

随着年龄的增长,人们是很容易出现耳聋眼花、思维迟钝、记忆力衰退、四肢活动笨拙等症状的。为了防止和延缓这些问题的到来,青少年朋友在自己年轻的时候就应该做个有心人,多加注意。从饮食角度来说,下列几种食品对人的抗衰老是很有帮助的。

1. 蜂王浆:能刺激大脑、脑垂体和肾上腺,促进组织供氧,增强细胞活力。

2. 芝麻:含有丰富的维生素E,能防止过氧化脂质对人体的危害,抵消或中和细胞内衰老物质自由基的积聚,起到延年益寿的作用。

3. 枸杞子:有抑制脂肪在肝细胞内沉积,促进肝细胞新生的作用。

4. 花粉:花粉内含维生素、氨基酸以及天然酵素酶等,特别是所含的黄酮类物质和抗生素,是产生药效、抗衰延年的基本成分。

5. 黑木耳:具有清肺益气、滋润强壮、补血活血、清涤肠胃之功效。含有丰富的蛋白质、碳水化合物以及各类维生素，对患有肥胖症、高血压、糖尿病和高血糖病人非常有益。

6. 桂圆：又称龙眼。含有维生素A和维生素B，以及葡萄糖、脂肪、蛋白质等。具有养血安神、养颜抗衰的作用。对那些年老体弱、气血不足者非常有益。

7. 胡萝卜：含有大量的维生素A、维生素B和无机盐，是改善人脑机能所不可或缺的。

8. 橘子：含有大量的维生素A、维生素B_1和维生素C。它还属于碱性食物，可以消除大量酸性食物对神经系统造成的危害。

9. 核桃：据《食疗本草》中载，"常食核桃可降低血清胆固醇，防治心血管病，对尿路结石和老年慢性支气管炎也有良好疗效。"

看来，我们想要保持年轻健康，就应该在合理膳食的基础上适当增加一些抗衰老食品。只要经常去吃这些食物，相信留住青春的脚步是完全可以实现的。

可以天天吃的食物有哪些？

俗话说："民以食为天"，食物是人们赖以生存的物质基础。随着时代进步、科学技术的发展，人们的物质生活也在不断提高，各式各样的美食店骤然诞生，这样，既满足了人们的胃口又分享了全国各地的饮食文化，可有些诱人的食物是不宜多吃的，这在上面我们已经提到过。那么，下面给青少年推介几种我们日常生活中可以经常吃的食物。

1. 蜂蜜：每天早晨空腹吃一匙蜂蜜，能安五脏，止痛解毒，常吃还能防止血管硬化，久服可延年益寿，所以，大家一定要记得坚持食用。

2. 生姜:每天吃早饭时以数片生姜佐餐,能促进血液循环,帮助消化。

3. 花生:花生含有人体所需多种氨基酸,经常食用能增强记忆力,降低血压,延缓衰老。

4. 大枣:素有“天然维生素”之称。富含蛋白质、脂肪、糖类、维生素、矿物质等营养素,因此,大枣历来是益气、养血、安神的保健佳品,对高血压、心血管疾病、失眠、贫血等病人都很有益。其实,大枣不仅是养生保健的佳品,更是护肤美颜的佳品。另外,大枣还具有抗过敏的作用,取大枣15~25枚生食或煮熟食,一日三次,可以治疗过敏性紫癜。大枣的功效很多,在此就不一一介绍了。

5. 大蒜:生吃大蒜可能嘴里会有味道,可大蒜有很强的杀菌、抗菌作用,因此,人们把它誉为“地里生长的青霉素”和“天然抗生素”。尤其在流感高发的季节,建议大家多吃点大蒜,这样,对于预防流感能起到很大的帮助作用。

所以,多关注健康,多注意身边的一些饮食小细节,再加上每天的坚持,健康的阳光永远会照耀我们。

不宜空腹吃的食物有哪些?

“饥不择食”,是说人在饥饿的时候,食欲非常强烈。但是如果抓到什么吃什么,急于填饱肚子,这对健康是非常不利的,因为有些食物是不宜空腹食用的,否则会对你的健康不利。

1. 牛奶和豆浆

这两种食物中含有大量的蛋白质，如果空腹饮用，蛋白质将“被迫”转化为热能而消耗掉，因此起不到营养滋补的作用。正确的饮用方法是：与点心、面饼等含面粉的食品同食，或餐后两小时再喝，或睡前喝均可。

2. 酸奶

空腹饮用酸奶，会使酸奶的保健作用减弱，而饭后两小时饮用，或睡前喝，既有滋补保健、促进消化的作用，又有排气通便的作用。

3. 白酒

空腹饮酒会刺激胃黏膜，久而久之容易引起胃炎、胃溃疡等疾病。另外，人空腹时，本身血糖就低，此时饮酒，人体很快出现低血糖，脑组织会因缺乏葡萄糖的供应而发生功能性障碍，出现头晕、心悸及出冷汗等症状，严重者会发生低血糖昏迷。

4. 茶

空腹饮茶一方面会稀释胃液，降低消化功能，另一方面也会引起“茶醉”，具体表现为心慌、头晕、头痛、乏力及站立不稳等。

5. 柿子和番茄

这两种食物中含有较多的果胶和单宁酸，如果与胃酸发生化学反应生成难以溶解的凝胶块，极易形成胃结石。

6. 香蕉

香蕉中含有较多的镁元素，空腹吃香蕉会使人体中的镁骤然升高，从而破坏了人体血液中的镁钙平衡，对心血管产生抑制作用，不利于身体健康。

7. 山楂和橘子

这两种食物中含有大量的有机酸、果酸、山楂酸以及枸橼酸等，如果空腹食用，会使胃酸猛增，对胃黏膜造成不良刺激，易引起胃胀、嗳气、吐酸水。

另外，空腹状态下暴饮各种冷冻食品，也会刺激胃肠发生挛缩，久而久之会导致各种酶促化学反应失调，引发肠胃疾病。尤其是女性，在月经期间还会使月经发生紊乱。

不宜多吃的食物有哪些？

常言到："民以食为天"，食物是人类生存的基础，但只有合理科学的膳食，才能促进健康，反之，则会给身体造成极大伤害。因此，营养专家告诫广大青少年，以下10种食物不宜多吃。

1. 松花蛋

松花蛋在制作过程中会用到定量的铅，多食可引起铅中毒，还会造成人体缺钙。

2. 臭豆腐

臭豆腐在发酵过程中极易被微生物污染，同时含有大量挥发性盐基氮及硫化氢等，这些都是蛋白质分解的腐败物质，多食对人体有害。

3. 味精

每人每天味精摄入量不应超过6毫克，过多摄入可引起短时期头痛及恶心等症状，另外，对人的生殖系统也会带来不良影响。

4. 方便面

方便面中含有对人体不利的食品色素和防腐剂等，常吃对身体也非常不利。

5. 葵花籽

葵花籽中含有不饱和脂肪酸，多吃会大量消耗体内的碱，从而影响肝细胞的功能。

6. 菠菜

菠菜虽然营养丰富，但它含有草酸，食物中的锌和钙会与草酸结合而排出体外，从而引起人体锌与钙的缺乏。

7. 猪肝

1000 克猪肝含有胆固醇高达 400 毫克以上，一个人的胆固醇摄入量太多会导致动脉硬化并会加重心血管疾病。

8. 烤牛、羊肉

牛羊肉在熏烤过程中会产生一种如苯并芘这样的有害物质，这种物质容易诱发癌症。

9. 油条

油条中的明矾是一种含铝的无机物，常吃油条，铝就很难由肾脏排出，从而会对大脑及神经细胞产生毒害，甚至引发老年性痴呆症。

以上这些常见的食物建议大家最好少吃，为了健康，请多了解一些对身体有益的小常识。

不能食用的动物器官有哪些？

动物全身都是宝，其实不然。动物身上的某些器官若被误食，就会影响健康，甚至产生疾病。因此，营养专家提醒青少年朋友，在宰割、加工或烹制时，对于下列十大动物器官应当引起重视。

1. 引起中毒的鱼腹内的黑膜

鱼的腹腔内壁上都长有一层薄薄的黑膜,它一方面保护腹腔内壁不受腹内各种器官的摩擦,另一方面防止内脏器官分泌的各种有害物质通过肠壁渗透到肌肉中去。这层黑膜聚集着鱼腹中的各种有害物质,若被人们食用,会引起中毒。

2. 导致某些疾病复发的鲤鱼筋

鲤鱼脊背两侧各有一条白筋，它是造成鲤鱼特殊腥味的物质,而且它还属于强化性物(俗称“发物”),不适于一些病人食用,因此,在烹制前应将它抽出来。

3. 有储藏病毒仓库之称的鸡、鸭尾脂腺

鸡、鸭尾脂腺,即尾尖(俗称鸡、鸭屁股),它是淋巴最集中的部位。淋巴中的巨噬细胞具有很强的吞噬病毒、病菌等有毒物质的能力,但吞食后只能储存于囊内,不能分解,时间一长,鸡、鸭尾脂腺就成了储藏病毒和致癌物质的“仓库”,因此,在烹调时应将尾脂腺切除。

4. 残留病菌的鸡、鸭肺

鸡、鸭肺中的肺泡细胞具有很强的吞噬功能,它能够吞噬鸡、鸭吸入的微小灰尘颗粒和各种致病细菌,因此,烹调时,注意将肺去除。

5. 引发中毒成分、不易破坏的牲畜甲状腺

牲畜甲状腺位于胸腔入口处的正前方，与气管的腹侧面相连,是成对器官。其所含成分主要是甲状腺素和三碘甲状腺氨酸,烹调一般不易破坏,食后易引起中毒。

6. 能扰乱人体代谢的肾上腺

肾上腺俗称副肾或小腰子,位于肾的前端,呈褐色。同甲状腺

一样，当人误食后，会发生肾上腺素过剩，从而扰乱代谢，出现恶心呕吐，重者出现瞳孔散大等中毒症状。

7. 引发中毒的淋巴结

淋巴结多长在家畜腹腔沟、肩胛前和腰下等处，呈圆形，俗称“花子肉”，是动物体内的防御器官，也是微生物和异物的聚积处，必须除掉。

8. 病毒组织羊悬筋

羊悬筋又名蹄白珠，是羊蹄内发生病变的一种病毒组织，一般为串形或圆粒形，必须摘除。

9. 兔臭腺

兔体有 3 对腺体：白色鼠鼷腺，雄兔位于阴茎背两侧皮下，雌兔位于阴蒂背两侧皮下，该腺分泌物为黄色而奇臭；褐色鼠鼷腺，紧挨着白色鼠鼷腺；直肠腺，位于直肠末端两侧壁上，呈长链状。其味极臭，必须摘除，否则与肉同煮时，就会发生异味，无法入口。

10. 苦而有毒的各类鱼胆

各类鱼胆，有毒性，洗鱼时，必须摘掉。万一鱼胆破裂，污染鱼肉，必须用黄酒、小苏打涂抹在被污染的鱼肉表面，然后再用清水反复漂洗，才可进行烹调。

以上介绍的食物在食用时一定要多加注意，切勿疏忽大意，因为有些食物如被误食，会对我们的健康非常不利。

能激发创造力的食物有哪些？

人大脑中每天有上亿个神经细胞在不停地进行着繁重活动。科学研究证实，饮食不仅是维持生命的必需品，而且在大脑正常运转中也发挥着十分重要的作用。有些食物有助于发展人的智力，使人的思维更加敏捷，精力更为集中，甚至能够激发人的创造力和想象力。下面特意给青少年介绍几个能够激发创造力的食物。

1. 生姜

生姜内含有姜辣素和挥发油，它们能使血液得到稀释，流动更加畅通，向大脑供应更多的营养物质和氧气。因而，生姜能使人的思路开阔，激发起想象力，像一些新闻记者、艺术家以及青少年儿童更应该多吃生姜。

2. 荷兰芹

荷兰芹能够产生创新思想的主要原因是，它所含的挥发油能刺激人的整个神经系统，从而激发起人的灵感。

激发创造力的食物虽然不多，不过像生姜这类常见的食物，大家还是多吃为善。

能增强记忆力的食物有哪些？

能增强记忆力的食物，其实很多，而且都比较价廉，像鸡蛋、大豆、瘦肉、牛奶、鱼、动物内脏(心、脑、肝、肾)及胡萝卜、谷类等。这些食物不仅含有丰富的卵磷脂，而且容易消化，对青少年记忆力的增强有着积极作用。

1. 鸡蛋

鸡蛋被营养学家称为完全蛋白质模式，人体吸收率为99.7%。孩子如果从小适当吃鸡蛋，对记忆力的发展非常有益，特别是蛋黄，蛋黄中含有的蛋黄素、蛋钙等脑细胞所必需的营养物质，可增强大脑活力。

2. 鱼类

鱼类可以向大脑提供优质蛋白质和钙。淡水鱼所含的脂肪酸多为不饱和脂肪酸，能保护脑血管，对大脑细胞活动有促进作用。

3. 苹果

苹果含有丰富的锌，可增强记忆力，促进思维活跃。

4. 胡萝卜

胡萝卜具有加快大脑新陈代谢的作用，因而能提高记忆力。

5. 菠萝

菠萝含有丰富的维生素 C 和微量元素锰，而且热量少，常吃有提神、提高记忆力的作用。它是演员和音乐家最喜爱的水果。

6. 脂类

脂类是人体热能的重要来源，也是脂溶性维生素的载体。脂类包括脂肪和类脂。类脂所含的卵磷脂对人的记忆力有很大帮助。因此，多食含卵磷脂的食物可明显提高记忆力。

7. 黄豆

黄豆含有丰富的卵磷脂，能在人体内释放乙酸胆碱，是脑神经细胞间传递信息的桥梁，对增强记忆力大有好处。

8. 大豆

大豆含有丰富的蛋白质和蛋黄素，每天食用适量，可增强记忆力。

以上这些食物都是一些生活中很常见的食物，平常多注意一下，每天适当地选择一些自己比较喜欢吃的食物，常吃可有助于增加记忆力。

能提高灵敏度的食物有哪些?

能提高灵敏度的食物,常见的有核桃和栗子。核桃不仅能提高灵敏度,它还有健脑、美容等功效,最新研究还发现,常吃核桃可以降低人体胆固醇,保护心血管。

1. 核桃

据测定,每100克核桃中,含脂肪20~64克,核桃中的脂肪71%为亚油酸,12%为亚麻酸,蛋白质为15~20克,蛋白质亦为优质蛋白,核桃中脂肪和蛋白质是大脑最好的营养物质。因而,核桃对人的脑细胞生长非常有益。而且核桃的营养价值也很高,被誉为“万岁子”、“长寿果”。

2、栗子

每100克栗子含蛋白质5.7克,脂肪2克,碳水化合物40~45克,淀粉25克。生栗子维生素的含量可高达40~60毫克,熟栗子维生素的含量约25毫克。栗子另含有钙、磷、铁、钾、锌等无机盐及胡萝卜素、B族维生素等多种成分。因此,栗子所含的蛋白质和锌,有助于提高思维的灵敏性。

另外提醒青少年,栗子还含有核黄素,常吃对日久难愈的小儿口舌生疮、成人口腔溃疡有益。

提高灵敏度的食物虽然不是很多,但核桃和栗子所含的营养成分相当高,常吃一些这样的食物对大脑思维敏锐度的提高有很好的帮助。

能集中精力的食物有哪些？

通常，上课是青少年脑力劳动高度集中的时候，而且这时思维活动过程也在加强，因而大脑对各种营养素需求量很大。下面给大家推介几种能够保持精力高度集中的几种食物。

1. 洋葱

洋葱能稀释血液，改善大脑的血液供应，从而消除心理疲劳和过度紧张，达到集中精力的目的。每天吃半颗洋葱可收到良好的效果。

2. 西芹

西芹具有镇静安神的作用。从芹菜子中分离出一种碱性成分，对动物有镇静作用，对人体能起安定作用，有利于安定情绪，消除烦躁，保持精力集中。另外，西芹所含的挥发油能刺激人的整个神经系统，促进脑细胞兴奋，还能激发人的灵感和创新意识。

3. 海螯虾

海螯虾能为大脑提供营养的美味食品。因为海螯虾含有 3 种重要脂肪酸，脂肪酸能供应人体所需的养分，因而能使人长时间保持精力高度集中。

4. 核桃

核桃含有极丰富的亚油酸，可帮助脑部血液畅通，适宜于长时间精力集中和用脑过度的人食用，例如作报告、开会、举办音乐会以及长途开车等。

5. 香蕉

香蕉富含血清素、多种维生素和微量元素钾，可向大脑提供酪氨酸,使人精力充沛、注意力集中、精神稳定。

除了一些食物调节外，保持注意力集中还得从自身出发,养成一些良好的生活习惯,从而保证进入最佳学习状态。

能提高分析能力的食物有哪些?

分析能力是一个人天身所具有的能力,但有些人所具备的分析能力很强,而有些人却比较弱,其实这种能力除了先天的遗传以及对知识了解的多寡外,还有就是对一些常吃的食物要多多注意了,有些食物是可以提高分析能力的。

例如花生,花生在上面也提到过,它对人体有利也有弊,常吃花生会引起消化不良。另外,花生含有大量脂肪,肠炎、痢疾等脾胃功能不良者食用后,会加重病情。高脂血症患者食用花生后,会使血液中的脂质水平升高，而血脂升高往往又会导致动脉硬化、高血压、冠心病等病疾发生。对于跌打淤肿者来说,花生含有一种促凝血因子。跌打损伤、血脉淤滞者食用花生后,可能会使血淤不散,加重肿痛症状。但是,我们也不能忽视花生的其他功能,花生具有提高分析能力的作用。因为花生含有人体所必须的氨基酸,可防止过早衰老和提高智力,促进脑细胞的新陈代谢,保护血管,防止脑功能衰退,从而提高分析问题的能力。

花生的吃法多种多样,可以油炸,也可以生吃,还可以炒着吃,但建议青少年最好是煮着吃,煮着吃易于消化,而且营养素的损失最小。

能促进睡眠的食物有哪些？

一个良好的睡眠能给第二天的学习带来最佳状态，下面给青少年推介几种能够促进睡眠的常见食物。

1. 香蕉

香蕉除了能平稳血清素和褪黑素外，还含有镁元素，可达到让肌肉松弛的效果。

2. 菊花茶

菊花茶具有适度的镇静效果，可以放松神经，起到促眠的作用。

3. 温牛奶

温牛奶含有一些色胺酸和钙，色胺酸具有镇静作用，而钙又有利于大脑充分利用色胺酸。

4. 土豆

土豆能清除掉对可诱发睡眠的色胺酸起干扰作用的酸。可以将烤马铃薯捣碎后掺入温牛奶中食用。

5. 燕麦片

一小碗燕麦片就能起到促进睡眠的效果，如果大量咀嚼，效果会更佳。

6. 杏仁

杏仁既含有适量的肌肉松弛剂——镁，又含有色胺酸。

7. 亚麻籽

向燕麦粥中撒入2大汤匙这种有益健康的亚麻籽，就能起到很好的效果。

8. 全麦面包

在饮茶或喝蜂蜜水时，吃一块全麦面包，将有助于促进胰岛素的分泌，胰岛素在大脑中转变成血清素，有助于色胺酸对大脑产生影响，促进睡眠。

9. 火鸡

火鸡含有色胺酸，如果在全麦面包上放一两片火鸡肉，将会获得最好的一次睡眠。

10. 小米

《本草纲目》记载，小米“治反胃热痢，煮粥食，益丹田，补虚损，开肠胃”。若睡前半小时适量进食小米粥，可起到显著的睡眠效果。

能有助于事业成功的食物有哪些？

食物的作用不仅限于填饱人们的肚子，满足人们的食欲，更多的在于对人体机能等各方面的调节。前面已经介绍了有关食物的一些功能，接下来介绍几种可以帮助人们事业成功的食物。

1. 辣椒

多吃辣椒有时会上火，不过吃适量的辣椒也是有好处的，尤其是它的味道，能刺激人体内追求成功的激素，而且最好是生吃。

2. 草莓

草莓不仅味道鲜美，而且能消除紧张情绪。草莓里的果胶能让人产生舒适感，建议每天最少吃 150 克草莓，这样才能达到预期目的。

3. 香蕉

香蕉之所以能产生很好的效果，秘密就在于其内含有血清素，它可以对人的大脑产生成功意识。此外，香蕉富含各种维生素和钾，常吃对身体非常有益。

以上几种食物可以根据自己的喜好选择食用，像草莓、香蕉多数人都比较喜欢吃，所以，常吃这些食物带来的好处就不言而喻了。

能提高学习效率的食物有哪些？

有些人常常会因为精神过度紧张而无法静下心来学习，从而导致学习效率低下，甚至对学习产生了抵触情绪。在日常的学习生活中，我们除了要保持良好的心态外，在饮食过程中也要多加注意，常吃一些能够安神、补脑的食物。下面给大家推介几种这样的食物，希望能够对大家的学习起到一定的帮助作用。

1. 香蕉

香蕉能够制造一种化学成分，名叫血清素，这种物质能刺激大脑神经系统，对促进大脑的功能有很大的好处。

2. 白菜

白菜能减少人的紧张情绪，使学习变得轻松。像一般在考试前，往往会因为精神过度紧张，没有达到复习的预期效果，考试成绩不理想。所以多吃白菜，可以让你在紧张中获得轻松。

3. 柠檬

柠檬中含有丰富的维生素 C，它能使人的精力变得充沛起来，从而提高接受能力。

4. 糖

糖能顺利地通过大脑的各道屏障，进入脑组织而被吸收，可提高人的学习和工作效率。

在轻松中获得成绩，建议家长多给孩子补充一些这方面的食物，不要让一些消极的情绪影响了孩子的学习，争取在轻松快乐的学习氛围中健康成长。

能增强免疫力的食物有哪些？

平常人们都会选择勤洗手、保持足够的睡眠、多吃水果和蔬菜来抵抗疾病，增强免疫力。其实，多食以下食物也具有增强免疫力的功能。

1. 酸奶

酸奶中含有益生菌，益生菌能保护肠道，避免致病细菌的产生。另外，有些酸奶中含有的乳酸菌，可以促进血液中白血球的生长。

2. 红薯

红薯能增强皮肤抵抗力。皮肤也是人体免疫系统的一员，是人体抵抗细菌、病毒等外界侵害的第一道屏障。

3. 茶

茶具有抗细菌、防流感的功效。哈佛大学的免疫学者用红茶作为实验后发现，连续2周每天喝5杯红茶的人，其体内会产生大量的抗病毒干扰素，其含量是不喝茶的人的10倍，可以有效帮助人体抵御流感，同时，还可以减轻食物中毒、伤口感染、脚气甚至是肺结核和疟疾的症状。当然，喝绿茶也具有同样的效果。

4. 鸡汤

鸡汤被称为是美味的“感冒药”，其成分与咳嗽药的成分很像。建议炖鸡汤时再加些洋葱和大蒜，这样效果会更佳。

5. 牛肉

牛肉是人体补锌的重要来源。锌在饮食中非常重要，它可以促进白血球的生长，进而帮助人体防范病毒、细菌等有害物质的侵袭。即使是轻微缺锌，也会增加患传染病的风险。所以在冬季，适当吃一些牛肉，既耐寒又能预防流感。

6. 蘑菇

人们一般就把蘑菇当作提高免疫力的食物。现在，据研究人员证实：吃蘑菇还可以促进白血球的产生和活动，让其更具防范性。

7. 鱼和贝类

补硒，防病毒。据专家研究证实，补充足够的硒可以增加免疫蛋白的数量，进而帮助清理体内的流感病毒。含硒食物主要有牡蛎、龙虾、螃蟹和蛤蜊等海鲜类食品，这些食物都有助于提高人体免疫力。

8. 大蒜

大蒜素抗感染和细菌。研究人员表明，食用大蒜可让感冒概率降低2/3。经常咀嚼大蒜的人，患结肠癌和胃癌的几率也会大大降低。因此，建议每天生吃两瓣蒜，并在烹饪菜肴时加入一些大蒜末。

9. 燕麦和大麦

含抗氧化纤维。燕麦和大麦都含有β葡聚糖，这种纤维素有抗菌和抗氧化的作用。食用燕麦和大麦,可以增强免疫力,加速伤口愈合,还能帮助抗生素发挥更佳效果。

此外,为了增强免疫力,除了吃一些有用的食物外,建议青少年还要多注意锻炼身体,这样,体质才会达到最佳状态。

富含维生素A的食物有哪些?

维生素A又称视黄醇,它包括两种:维生素A_1和维生素A_2。维生素A是保持身体内部和外部皮肤健康所必需的营养物质,可以防止感染;也是一种抗氧化剂,可以增强免疫系统。如果人体缺乏维生素A,容易导致视力减退,甚至引发夜盲症,所以青少年应该多加注意。下面给大家介绍几种富含维生素A的常见食物。

一是维生素A原,即各种胡萝卜素,存在于植物性食物中,如绿叶菜类、黄色菜类以及水果类,具体的有菠菜、苜蓿、豌豆苗、红心甜薯、胡萝卜、青椒、南瓜等,它们所含的维生素A量较丰富;另一类是来自动物性食物的维生素A,这一类维生素A是能够直接被人体所利用的,主要存在于动物的肝脏、奶及禽蛋中。

虽然这些食物中富含丰富的维生素A,但也得讲究正确的吃法。举一个常见的例子,像我们常吃的胡萝卜,正确的吃法就是用油炒,这样才能将胡萝卜素转换为维生素A。

常吃这些含有维生素A的食物,一方面能促进生长发育,保护夜间视力;另一方面可增加抗病力和抗癌作用。缺乏维生素A可导致儿童生长迟滞、发育不良等症状,但提醒大家切不可摄入过多,以免造成慢性中毒。成人连续几个月每天摄取50000国际单位(15毫克胡萝卜素含25000国际单位维生素A)以上会引起中毒现象。幼儿如果在一天内摄入超过18500国际单位也会引起中毒现象。

所以提醒广大青少年朋友，一定要适量服用，最好是从食物中补充身体每天所需的维生素A为最佳。

富含维生素B的食物有哪些？

维生素B也常被称作维他命B，是某些维生素的总称，有时候也被称作B族维生素、维生素B杂或维生素B复合群。维生素B包括维生素B_1、维生素B_2、维生素B_6、维生素B_{12}、烟酸、泛酸、叶酸等。这些B族维生素可以推动体内代谢，把糖、脂肪、蛋白质等转化成热量。它们的食物来源大都相同，如酵母等。下面看看哪些食物中富含维生素B。

含维生素B的食物主要有以下几种：

1. 维生素B_1

它大量存在于米糠、蛋黄、牛奶以及番茄等食物中。

2. 维生素B_2

它大量存在于谷物、蔬菜、牛乳和鱼等食品中。

3. 维生素B_6、维生素B_{12}、烟酸、泛酸和叶酸

它们广泛存在于肝、肉类、牛奶、酵母、鱼、豆类、蛋黄、坚果类、菠菜、奶酪等食物中。

如果人体缺少维生素B，细胞功能则会马上降低，从而引起代谢障碍，这时人体会出现怠滞和食欲不振等症状。建议有食欲不振、胃肠疾病、头发干枯、记忆力减退或经常酗酒、抽烟的青少年要多补充维生素B，多吃一些上面介绍过的富含维生素B的食物。

富含维生素 C 的食物有哪些?

含维生素 C 的食物能增强免疫力、减少心脏病和中风、加速伤口愈合、缓解气喘、预防感冒、延缓衰老的奇效。含维生素 C 的食物有很多,尤其是水果,含量很多,下面就给广大青少年朋友介绍几种富含维生素 C 的食物。

1. 水果

如鲜枣、猕猴桃、山楂、柚子、草莓、柑橘、番茄等都含有丰富的维生素 C,而平常吃的苹果、梨、桃、杏、香蕉、葡萄等水果所含的维生素 C 与上面的水果相比就比较低。有资料表明,以 100 克水果的维生素 C 的含量来计算, 猕猴桃含 420 毫克, 鲜枣含 380 毫克,草莓含 80 毫克,橙子含 49 毫克,橘子、柿子各含 30 毫克。香蕉、桃子各含 10 毫克,葡萄、苹果各自只有 5 毫克,梨仅含 4 毫克。可以看出,不是所有的水果都含有丰富的维生素 C,有的水果所含维生素 C 是很少的。

2. 蔬菜

如青椒、黄瓜、菜花、小白菜、西兰花等蔬菜所含维生素 C 为最高。如果缺乏维生素 C,建议大家平时要尽量多吃一些这方面的蔬菜。

另外,维生素含量较高的水果如猕猴桃、柑橘或柿子,一天吃一到两个就够了。如果是鲜枣或草莓,只要吃五六粒,即可摄取到人体一天所需的维生素 C。所以,要想补充足够的维生素 C,吃水果时应有所选择。

影响水果中维生素 C 含量的因素:

1. 某些水果为了预防虫害及日晒，在生长过程中常用纸袋包裹起来，结果造成维生素C含量减少。

2. 夏季水果丰收，储藏于冷库中，在冬天出售时，水果的维生素C含量也会减少。

3. 许多人喜欢一次性买大量水果放入冰箱，其实水果存放的时间越长，维生素C的损失就越多。

值得一提的是，尽管有些人吃了许多富含维生素C的水果，但有嗜烟的恶习，由于吸烟可阻碍人体对维生素C的吸收，烟草中的尼古丁对维生素C还有破坏作用，因此，也容易缺乏维生素C；从事激烈运动或重体力劳动的人，由于流汗也会损失大量的维生素C；还有一些疾病和药物也会影响维生素C的吸收。所以，提醒大家，水果不能作为人体维生素C的唯一来源，必要时可加服少许维生素C药片。

富含维生素D的食物有哪些？

维生素D的主要功能是调节体内钙、磷代谢，维持血钙和血磷的水平，从而维持牙齿和骨骼的正常生长和发育。儿童缺乏维生素D，容易发生佝偻病、手足搐搦症、骨软化病、骨质疏松等症状。据调查发现，中国少儿佝偻病发病率较高，是因为日照不足、维生素D摄入不足等。所以，青少年很有必要了解一下我们日常生活中能够补充维生素D的食物是哪些。

维生素D主要来源于动物性食物，常存在于海鱼、动物肝脏、蛋黄和瘦肉中，植物性食物几乎不含有维生素D。另外，像脱脂牛奶、鱼肝油、乳酪、坚果和海产品等，也含有丰富的维生素D。值得一提的是，维生素D的来源与其他营养素的来源略有不同，除了食物来源之外，还可来源于自身的合成制造，但这需要多晒太阳，接受更多的紫外线照射。所以，除了这些食物外，经常晒太阳，以保证足够的紫外线照射，也可以预防维生素D的缺乏。但是要记住，晒太阳最好在早上10点之前或下午3点之后，因为中午有害光线比较多。

下面提醒广大青少年，维生素D不可过量补充，如果过量服用，会使体内维生素D蓄积过多，容易出现食欲下降、恶心和消瘦等症状。最好在日常饮食中多加注意，多吃一些能补充维生素D的食物。

富含维生素E、β-胡萝卜素的食物有哪些？

维生素E和维生素C一样，都是强力抗酸化的，它们可以预防体内酸化、皮肤病和不当生活习惯引起的慢性疾病，如高血压等。如果把维生素E、β-胡萝卜素与维生素C搭配，起到的效果会更佳。下面就看看日常生活中哪些食物富含维生素E和β-胡萝卜素。

富含维生素E的食物：卷心菜、菠菜、胡萝卜、茄子、葵花籽、猕猴桃、坚果（包括杏仁、榛子和胡桃）、瘦肉、乳类、蛋类，还有芝麻、玉米、橄榄、花生、山茶等压榨出的植物油。还有红花、棉籽和小麦胚芽（最丰富的一种）、甘薯及山药。鱼肝油也含有一定的维生素E。

缺乏维生素E的症状表现为肌肉的变性、贫血症、生殖机能障碍等。维生素E的缺乏对人体的免疫功能力也有影响，不仅是体能免疫降低，而且对细胞免疫也有很大影响。

富含β-胡萝卜素的食物：油菜、荠菜、苋菜、胡萝卜、花椰菜、甘薯、南瓜、黄玉米等。

如果缺乏β-胡萝卜素，可引起夜盲症、粘膜干燥、干眼症及近视等症状。所以，提醒广大青少年朋友，用眼过度容易导致近视，在日常的饮食习惯中要多注意吃一些富含β-胡萝卜素的食物。以下人群需要补充β-胡萝卜素：长期操作电脑者、呼吸系统受感染者、视力功能下降者、皮肤干燥和粗糙者。

所以，如果长期缺乏维生素，就会引起生理机能障碍而发生某些疾病。可以看出，一般的维生素都是从食物中取得。

富含铁的食物有哪些？

铁是人体所需最多的微量元素，一般对于一个成年人来说，全身含铁量3~5克，其中70%~80%是以血红蛋白的形式，存在于红细胞中。铁是血红蛋白的重要组成部分，如果铁供给不足，血红蛋白的合成就会受到影响，容易患上贫血病，在医学上也被叫作营养性缺铁性贫血，是儿童、青少年的一种常见病症。铁是预防贫血的无机物，尤其女孩更容易缺乏。常食以下几种食物可以预防白血病。

含铁较多的食物：

1. 动物性食物，如肝脏、血和瘦肉等。

2. 果蔬性食物，如桃、枣、葡萄、菠萝、桔、黑木耳、桂圆、菠菜、芹菜、蕃茄、蘑菇等。

缺铁的表现为：首先是贫血，缺铁性贫血对于儿童的健康影响非常严重。缺铁从另一方面说还会损害儿童智力发育，使婴幼儿易激动、淡漠，对周围事物缺乏兴趣；青少年注意力不集中、学习能力减弱、记忆力衰退；缺铁的幼儿，铅中毒的发生率较高，是不缺铁的3~4倍。

从食物中补充铁是人体缺铁的最佳补充方法之一。如果缺铁，可以常吃一些上面提到的食物，这些食物能有效预防白血病的发生，尤其是青少年，常吃含铁的食物对学习也很有帮助。

富含钙的食物有哪些？

钙在人体内非常重要，它是构成骨骼和牙齿的重要成分，而且对保持肌肉和神经系统的兴奋性也特别重要。钙可以维持心跳节律、参与凝血过程，还是细胞内的第二信使，能参与信号传导，人体内许多酶的活性都离不开钙。儿童由于种种原因，很容易缺钙，医学上称之为佝偻病，这是由于儿童体内维生素D的缺乏所导致的钙吸收不良，从而引起的一系列钙磷代谢紊乱的表现。现特向青少年推介几种日常食物，有助于缺钙的青少年补充钙质。

通常富含高钙的食物有奶及奶制品、鸡蛋、豆制品、海带、紫菜、虾皮、芝麻、山楂、海鱼、蔬菜等。特别是牛奶，每100克鲜牛奶中含钙120毫克，如果每人每天喝奶250克，便能提供钙300毫克；每天喝牛奶500克，便能提供钙600毫克，再加上膳食中其它食物提供的300毫克左右的钙，便能完全满足人体对钙的需要。但要提醒青少年，在食用这些含钙丰富的食品时，应避免食用过多含磷酸盐、草酸、蛋白质丰富的食物，以免影响钙的吸收。

缺钙对于青少年来说，容易出现腿软、抽筋、体育成绩不佳、疲倦乏力、烦躁、注意力不集中、偏食、厌食、蛀牙、牙齿发育不良、易感冒、易过敏等现象。

在日常生活中，经常喜欢抽烟、喝酒、泡咖啡、饮茶、喝可乐、吃太多盐，不吃肉或吃太多肉的人，都可能会有缺钙的症状。针对我国补钙的实际情况，中国消费者协会告诫消费者要科学补钙，方能永远健康。尽量通过改善饮食结构，达到从天然食品中获取足量钙的目的。

为什么吃饭不宜太快？

在日常生活中发现，有相当一部分人在用餐时，总是狼吞虎咽，快吃快喝好像已经成了人们的饮食习惯。专家强调，这种饮食习惯对健康不利，进食速度过快容易造成消化系统损伤，并可能增加患癌的几率。

其原因如下：

1. 如果是食粗粮太快，一方面，粗硬食物易刮去上消化道黏膜表面所覆盖的黏液，容易造成上消化道黏膜的机械性损伤。另一方面，上消化道的黏膜及其表面的黏液是器官的保护层，如果保护层遭到破坏，食物中所含的各种致癌物质很容易侵害消化道而发生癌变。

2. 如果是烫食下肚，易灼伤上消化道黏膜，从而诱发癌症。吃进滚烫的汤、粥、羹、茶之类的饮食，由于食物温度过高，会灼伤食道黏膜并使之坏死，长期下去，可使该部位癌变。据调查表明，喜欢吃烫食的人易患食管癌。

3. 如果进食过快，就不能充分发挥唾液的抗癌作用。由于环境污染加重、各种各样的食品添加剂以及食物的保存不当、烹调不当等原因，致使我们吃到的食物含有种种致癌物质。如果我们进餐时能做到细嚼慢咽，口腔内的唾液腺就会分泌大量的唾液与食物充分搅拌，而唾液就像是门卫，可以拒致癌物质于门外。据相关人员研究证实，在咀嚼时分泌的唾液中加入强致癌物——亚硝基化合物、黄曲霉素等，发现唾液对这些有毒物质具有显著的解毒作用，起到了“防癌于未然”的作用。可以看出，唾液是人体特有的抗癌剂。

4. 进食过快，易造成进食过量，增加肠胃消化负担，也会增加患癌几率。

因此，提醒广大青少年，为了您的健康，应当合理膳食，改变一些不良的饮食习惯，做到细嚼慢咽。

为什么不能用矮桌或蹲着进餐?

好多人对于用餐的一些细节不太注意，在吃饭时，有时会蹲着吃，有时会随便放在一个比较矮的桌子上吃。但是，无论是蹲着吃饭，还是矮桌进餐，都是不符合生理卫生要求的。具体原因如下：

1. 如果是蹲着或者弯下腰进食，腹部容易受挤。

2. 这种饮食姿势容易使得胃肠不能够正常蠕动，从而影响消化吸收。

3. 腹主动脉受压，胃部毛细血管得不到足够的新鲜血液补充，最终可导致消化功能减退。

吃东西时，不仅要吃卫生和营养价值高的食物，而且还要注意进食姿势。为了吃进去的食物能够更好地被消化和吸收，青少年切记不要蹲着或弯下腰进食。

为什么不能边看电视边吃饭？

在我们身边不难发现，有很多人都喜欢边吃东西边看电视，其实养成这种习惯是非常不好的。边吃东西边看电视有很多种坏处，主要有以下几点：

1. 容易影响食欲。

影响食欲有两个因素：一是生理因素；二是外部因素。人在边吃饭边看电视时，往往会以电视里的故事情节为主，而忽略了食物的味道，使本来已经出现的食欲因受到电视的抑制而降低或消失，久而久之就会出现营养不良等现象。

2. 容易影响食物的消化与营养的吸收。

人在吃饭时，需要有消化液和血液来帮助胃肠消化食物。边吃饭边看电视，大脑也会需要大量的血液，这样，两者就会相互争着血液的供应。结果，两方面都得不到充分的血液供应，就会既吃不好饭，又看不好电视。时间久了，还会发生头晕、眼花的现象。

所以，建议广大青少年在家中不要边吃饭边看电视，最好是饭后 20~30 分钟再看电视。如果一定要看电视，建议在选择电视节目时，少看或不看那些紧张或刺激情绪的节目。

为什么要多吃粗粮？

粗粮是相对于我们平时吃的一些精米、白面等细粮而言的，粗粮主要包括谷类中的玉米、小米、紫米、高粱、燕麦、荞麦、麦麸以及各种干豆类，如黄豆、青豆、赤豆、绿豆等。一星期吃几次粗粮，对身体是有益处的。下面介绍一下多吃粗粮的好处。

1. 粗粮由于加工比较简单，所以容易保存下许多细粮中没有的营养。如粗粮所含的碳水化合物要比细粮低，而且含膳食纤维较多，并且富含B族维生素。

2. 很多粗粮还具有药用价值。如荞麦含有其他谷物所不具有的叶绿素和芦丁，可以治疗高血压；玉米可以加速肠部蠕动，避免患大肠癌，还能有效防治高血脂、动脉硬化、胆结石等。因此，建议患有肥胖症、高血脂、糖尿病、便秘的人应多吃粗粮。

另外，值得注意的是，粗粮不能长久食用，吃多了会降低免疫力，要适量为益。因为粗粮中所含的纤维素和植酸较多，每天摄入纤维素超过50克，会使人的蛋白质补充受阻、脂肪利用率降低，造成骨骼、心脏、血液等脏器功能的损害，因而会降低人体的免疫力，甚至影响到生殖力，尤其是青春期少女，每天摄入的纤维素应不超过20克。

为什么要重视吃早餐？

很多青少年认为早餐不重要，这是极其错误的。人体经过一夜睡眠后，急需补充食物，只有吃好早餐，才能保证有充沛的精力从事一天的学习。早餐吃不好，上午上课就会感到饥肠辘辘、头晕脑胀、注意力不集中、听课效果差；另一方面，早餐吃不好，午餐必然食量大增，容易吃得过饱。这样易造成胃肠道负担过重，那么，每天的早餐应该如何安排呢？

首先，量要充足，必须吃饱。有人认为早点少吃一点就可以了，其实这种说法是不对的。早餐的热能应占一天热能的 30%以上，从质量上讲，早餐应该是高热量、高蛋白。

其次，早餐应该有足够的肉、蛋或奶制品。但也不要只吃牛奶、鸡蛋，这样热量容易不足，蛋白质必然用来供能，就会造成蛋白质的浪费。

下面列举几种早餐食谱供选择：

1. 馒头 0.1 千克、鸡蛋 1 个、牛奶 1 杯、小菜适量。

2. 肉包子 0.1 千克. 玉米或小米粥 1 碗. 小菜适量。

3. 面包或糕点 0.1 千克、香肠 0.05 千克、豆浆 1 碗、新鲜蔬菜适量。

4. 蛋炒饭 0.15 千克、菜汤 1 碗 。

有些学生食量比较大，可适当根据自身情况增加一些。早餐应经常调剂花样，不可多日一贯制。

青春期是长身体、长知识及性成熟的重要阶段，吃好早餐一方面可以保证用旺盛的精力学习、锻炼，另一方面还可以促进身体的生长和发育。希望广大家长能创造条件，使学生吃好早餐。

午餐怎么搭配才算科学？

俗话说的好：“中午饱，一天饱。”说明午餐是一日中很重要的一餐。由于青少年上午体内热能消耗较大，下午还要继续学习，因此，不同年龄、不同体力的人，午餐热量应占他们全天所需总热量的 40%。那么，如何搭配午餐，吃好午餐才算是科学呢？下面介绍几种科学搭配方法。

根据三餐食量的配比：

1. 主食应在150~200克，一般可在米饭、面制品（馒头、面条、大饼、玉米面发糕等）中间任意选择。

2. 副食应在240~360克，以满足人体对无机盐和维生素的需要。副食种类的选择很广泛，如肉、蛋、奶、禽类、豆制品类、海产品、蔬菜类等，按照科学配餐的原则挑选几种，相互搭配食用。一般宜选择50~100克的肉禽蛋类，50克豆制品，再配上200~250克的蔬菜，也就是要吃一些耐饥饿又能产生高热量的炒菜，使得体内血糖继续维持在高水平，从而保证下午的工作和学习。

但提醒青少年要注意的一点是，中午要吃饱，不等于要暴食，一般吃到八九分饱就可以。若是活动量比较少的青少年在选择午餐时，可选择简单一些的清烫茎类蔬菜、少许白豆腐、部分海产植物做为午餐搭配。

晚餐为什么要早吃？

一般家庭，晚餐煮得非常丰富，这种做法违背了健康理念。在现实生活中，由于大多数家庭晚餐准备时间充裕，所以也吃得丰盛，这样对健康非常不利。晚餐既要少吃，又要早吃。

1. 由于人的排钙高峰期常在进餐后4~5小时，若晚餐吃得太晚，当排钙高峰期到来时，人已上床入睡，尿液便停留在输尿管、膀胱、尿道等尿路中，不能及时排出体外，致使尿中钙不断增加，久而久之，容易逐渐扩大形成结石。所以，晚上6点左右进食晚餐较合适。而且晚餐一定要偏素，吃素可防癌。据研究资料表明，晚餐经常吃荤食的人比吃素者的血脂要高2~3倍。晚餐最好以富含碳水化合物的食物为主，而蛋白质、脂肪类要少吃。

2. 由于晚间一般无其他活动，如进食时间较晚，且吃得过多，就会引起胆固醇升高，刺激肝脏制造更多的低密度与极低密度脂蛋白，诱发动脉硬化。长期晚餐过饱，会反复刺激胰岛素大量分泌，往往造成胰岛素细胞提前衰竭，从而埋下糖尿病的祸根。

3. 晚餐吃得太晚，就容易吃多，吃得过饱可引起胃胀，对周围器官造成压迫，胃、肠、肝、胆、胰等器官在餐后紧张工作会传送信息给大脑，引起大脑活跃，并扩散到大脑皮层其他部位，诱发失眠。

关于晚餐的吃法，给青少年提几点意见：

一般而言，晚上多数人血液循环较差，所以可以选些天然的热性食物来补足此现象，像辣椒、咖哩、肉桂等皆可。寒性蔬菜如小黄瓜、菜瓜、冬瓜等晚上用量少些。建议晚餐尽量在晚上 8 点以前完成，若是 8 点以后，任何食物对我们都是不良的食物。若是重食的家庭，晚餐肉类最好只有一种，不可多种肉类。晚餐后请勿再吃任何甜食，这是很容易伤肝的。所以，晚餐与午餐相同，餐前半小时最好应有蔬菜汁或是水果的供应。晚餐时仍应有一道以上的生菜沙拉盘，内有各式芽菜。芽菜在吃食时可用海苔卷包起，做些变化。主食与副食的量都可适量减少，以便到睡觉时正好是空腹状态。

如何健康吃火锅？

天气冷的时候，有很多青少年都喜欢吃火锅或者麻辣烫。可遗憾的是，现在很多人不会健康地吃火锅，不健康的吃法很容易伤及身体。那么，火锅该如何吃才算健康的呢？下面给喜欢吃火锅的青少年朋友提几点意见：

1. 选择卫生、健康的火锅店就餐，最好不要去那些回收锅底、掺泔水油的火锅店去吃火锅。

2. 吃火锅时间不要太长，否则会使胃液、胆汁、胰液等消化液不停地分泌，腺体得不到正常休息，容易导致胃肠功能紊乱而发生腹痛、腹泻，严重的可患慢性胃肠炎、胰腺炎等疾病。

3. 火锅不能太烫，否则容易烫伤口腔和食道黏膜，如果遇到烟酒或不清洁的食物更容易导致疾病。

4. 掌握好火候。食物煮久了会失去鲜味，破坏营养成分；煮的时间不够，又容易引起消化道疾病。

特别提醒有慢性疾病的人，在吃火锅时应注意：火锅料如含有大量油脂的鱼饺、虾饺、各种丸子，这些食物对于患有糖尿病、高血压以及高血脂的病人不利。另外，火锅汤含有大量的嘌呤、钠离子、钾离子，患有痛风、肾脏病、高血压的人不要喝。再者，我们在吃火锅的时候，一定要把肉类和蔬菜相结合好。

炒菜的剩菜汤能喝吗？

有人总喜欢喝一些炒菜剩的汤，一般这些剩汤喝起来口感比较舒服，味道还不错，但这里要提醒青少年，炒菜剩的汤最好不要喝。具体原因有三点：

1. 炒菜时必须放油，而汤只不过是菜受热熬出的水，因而水的量很小，所以汤一般比较肥腻，人吃得太肥腻不利于消化和吸收。

2. 如果炒菜放的盐少了，会很没味道，所以一般的菜放的盐都比较重，因而汤里过多的盐会刺激胃，让胃很不舒服。

3. 在炒菜过程中，锅里的菜要不停地进行翻炒，锅铲和锅的碰撞会形成铁削，铁削加热后会发黑，大片的我们能见到，细小的铁削就无法用肉眼看的到了，这些东西容易致癌，而且吃到肚子里会令胃病加重。

可见，炒菜剩的汤最好不要喝，喝了会直接会影响到胃部的消化和吸收。

吃饭为什么不能偏嚼？

在医学上，偏嚼就是指人们长期使用一侧牙齿来咀嚼食物。一般儿童及青少年出现的偏嚼现象比较多，具体原因如下：

有些儿童一侧的乳磨牙会过早脱落，就容易导致偏嚼。成年人也会因一侧龋齿或磨牙脱落，或其他原因使一侧牙齿不便咀嚼，慢慢养成了偏嚼的习惯。长期偏嚼是有害的。因为长时间用一侧偏嚼，会使该侧牙列、颌骨和面部咀嚼肌肉发育丰满，而另一侧则发育较差，甚至消瘦塌陷，使得面部看起来一侧大一侧小，从而形成了“歪脸”。此外，还会因下颌牙列向咀嚼方向移位，引起牙齿错位。偏脸和牙齿错位，都会改变面容和影响牙齿功能。

因此，有进食偏嚼习惯的青少年，要尽快将此习惯改掉。

如何饮水最科学？

水是人类每天必不可少的营养物质。有试验证明，一个人只喝水不吃饭能存活几十天，但如果只吃饭不喝水，人就无法生存了，可见水对人体的健康十分重要。一个健康的成年人每天约需

2500 毫升水，因此，要保持健康就必须注意每天摄入充足的水分。同时，喝水必须注意讲究科学和卫生。那么，怎样饮水才算是科学卫生呢？

1. 不喝污染的生水：人类 80%的传染病与水或水源污染有关。伤寒、霍乱、痢疾、传染性肝炎等疾病都是通过饮用污染的水引起的。污染的水还容易引起寄生虫病的传播和地方性疾病等。因此，饮水要符合卫生要求。不要喝生水，要喝煮沸的开水。

2. 喝水要掌握适宜的硬度：水的硬度是指溶解在水中盐类的含量，如果水中所含钙盐、镁盐较多，则水的硬度大，反之则硬度小。水质过硬直接影响胃肠道的消化吸收功能，容易发生胃肠功能紊乱，引起消化不良和腹泻。我国规定，水的总硬度不超过 25 度。建议一般饮用水的适宜硬度为 10~20 度。处理硬水的最好办法是将水煮沸，经煮沸后的水均能达到适宜的硬度。

3. 喝水要有节制：夏季气温高，容易多汗口渴。但一次性喝水要适量，不要喝太多，即便是非常口渴也不能。这是因为喝进的水被吸收进入血液后，血容量会增加，大量的水一次性进入血液循环，就会加重心脏负担。所以，喝水时要注意适当地多分几次喝。

4. 喝水要适时适量：清晨起床后喝一杯水，有疏通肠胃的功效，并能降低血液浓度，起到预防血栓形成的作用。

在此要特别提醒广大青少年，剧烈运动或劳动出汗后也不要立即喝大量的水，并且从小就要养成一个健康科学的饮水习惯。

吃零食有哪些危害?

大多数青少年都比较喜欢吃零食,像一些碳酸饮料、膨化食品等等,这些食品固然好吃,可对身体没有一点好处,尤其是对正在发育成长期的青少年。下面给大家介绍一下这些食品到底会给身体带来怎样的危害:

1. 汽水

汽水的主要成分包括糖分、人造色素和人造香料,一听便知没有多少营养价值,而且一罐汽水所含的热量很大,常喝汽水容易发胖,也易导致体内钙的流失。其实要解渴,可选择蒸馏水或矿泉水,这是由于蒸馏水和矿泉水不含热量。如果嫌口淡,可以喝一些由新鲜水果榨取的果汁,因为水果含有丰富的维生素、纤维素等,既解渴又富营养。

2. 雪糕

雪糕的主要成分是砂糖、全脂牛奶、香料、色素等,而雪糕含有不少热量和脂肪,吃了容易发胖。另外,过量地食入雪糕,可损伤胃黏膜,而经常性的冷刺激,又可使胃黏膜血管收缩,胃液分泌减少,引起食欲下降和消化不良,时间久了还会得胃病。建议大家吃雪糕可以选择一些乳果雪糕。乳果雪糕既不失雪糕般软滑,又改用脱脂牛奶,并加入乳酸菌,热量比雪糕低,脂肪也少了许多。

3. 薯片

一块小小的薯片,它的"杀伤力"非常大。薯片的主要成分是糖分、食盐和味精,可以看出,薯片的营养价值很低。这是由于薯片中含有大量的脂肪和能量,多吃不仅破坏食欲,还容易导致肥胖，它同时也是皮肤健美的大敌。其实，如果想有松脆的口感，不妨吃一些高纤维低脂的饼干。这些食品不但热量低，而且纤维有助于将体内的废物排出，又能减少脂肪的摄取。

其实青少年爱吃零食不是不可以，也并非所有的零食都是垃圾食品，但一定要吃一些营养价值高，对身体有益的食品，像一些煮鸡蛋、牛肉干、牛奶等营养丰富的食物。

垃圾食品有哪些？

垃圾食品是指仅仅提供一些热量，没有其他营养素的食物，或是提供超过人体需要，变成多余成分的食品。像油条、烧饼一直是人们常吃的早点，还有上面说过的汽水等取代了白开水的一些碳酸饮料，汉堡、薯条也是目前的一种时尚。其实，人们在饮食上不断求精、求新、求洋的同时，垃圾食品也正悄然来到身边。之前，世界卫生组织公布了全球十大垃圾食品及其危害。

十大垃圾食品包括：油炸类食品、腌制类食品、加工类肉食品（如肉干、肉松、香肠、火腿等）、饼干类食品（不包括低温烘烤和全麦饼干）、汽水可乐类饮料、方便类食品（主要指方便面和膨化食品）、罐头类食品（包括鱼肉类和水果类）、话梅蜜饯果脯类食品、冷冻甜品类食品（如冰淇淋、冰棒、雪糕等）、烧烤类食品。

油炸类食品和腌制类食品被排在榜首，这是因为油炸淀粉容易导致心血管疾病，另一方面油炸食品含致癌物质，再者油炸食品易破坏维生素，使蛋白质变性。腌制类食品易导致高血压，易得溃疡和发炎，也是一种很强的致癌物。

目前，十大垃圾食品中的很多种类被广大青少年所偏爱，但为了青少年的身体健康，还是要提醒不要经常吃或是少吃以上食品。

怎么吃才能健康减肥瘦身？

减肥的方法有很多，除了吃一些减肥药外，人们还会选择尽量减少饮食数量和增加锻炼来达到瘦身的目的，其主要原因是这样能减少并燃烧摄入的多余卡路里。其实，生活中的一些良好的饮食习惯对减肥也有一定的帮助，只要大家长期坚持，就可以达到减肥的目的。下面为大家提供一些有关减肥瘦身的饮食大全。

就餐前应该做到：

1. 餐前喝少量的汤。喝少量的汤可使胃产生一定的饱胀感，从而减少饥饿感。

2. 餐前吃水果，特别是苹果。苹果的体积比较大，进食后就会有饱腹感，同时各种营养元素也相对较全，可以减少正餐的摄入量。

3. 餐前吃一块糖。这样会使血糖浓度迅速升高，就不会感到特别饥饿，随之吃饭的速度和数量就会降低，不易吃得过量。

4. 尽量做到三餐正常进食，不要经常在特别饥饿时才进食。因为这时绝大多数人会吃得过饱。

进餐中应该做到：

1. 进食时速度要放慢，尽量做到细嚼慢咽。据研究表明，大多数肥胖者进餐速度都很快，这样大脑还没来得及感受饱的信息便已经吃过量了。若放慢进餐速度，会让大脑比较准确地感受到饱的反馈信息。

2. 这在前面也提到过，不应该边看电视、书或报边进食，这样容易导致进食过量。

3. 进餐时尽量减少甜饮料和酒类的摄入量，可以用喝白开水、茶或含油脂较少的汤来替代。

4. 外出就餐时，先吃热量比较低的菜，如蔬菜、海藻、蘑菇、豆腐等，再吃动物性食物和主食，使热量的摄入符合由低到高的顺序，这样可以保证热量的摄入不过量。

5. 养成一边吃主食、一边吃菜的习惯，不要等吃饱了菜再吃主食。

餐后应该做到：

1. 餐后绝不可再吃花生、瓜子和其他零食，像香蕉、苹果等含一定热量的水果也不能吃。甜的饮料也不能喝。

2. 晚餐后要立即刷牙，这样不仅对牙齿有很好的保护作用，而且可以防止餐后再吃零食。

3. 餐后不应该立刻坐下或躺下，半小时后应当做些轻微活动，帮助食物中的热量及时消耗。

了解了饭前、饭中和饭后的注意事项后，相信按照这样的饮食规律，只要每天坚持，也能吃出苗条身材。

吃什么可以防治少白头？

现代医学认为，营养不良、内分泌障碍以及全身慢性消耗性疾病，容易引发“少白头”。中医学则认为，此疾病主要是由于肝肾不足、气血亏损所致。先天性的“少白头”多与遗传有关，不易治疗；而后天性的“少白头”，除了根据病因治疗外，还应加强营养。

调查表明，缺乏蛋白质和高度营养不良是早生白发的病因之一。饮食中如果缺乏微量元素铜、钴、铁等，也容易导致“少白头”。

1. 微量元素与头发的颜色有着密切的关系。近年来科学家研究发现，头发的色素颗粒中含有铜和铁的混合物，当黑色头发含镍量增多时，头发就会变成灰白色。为了防止头发过早变白，在饮食上应注意多摄入含铁和铜的食物。

含铁多的食物有：动物肝、蛋类、黑木耳、海带、大豆、芝麻酱等；

含铜多的食物有：动物肝、肾、虾蟹类、硬果类、杏铺干和干豆类等。

2. B 族维生素的缺乏也会导致“少白头”。

医学家现已确认，缺乏维生素 B_1、维生素 B_2、维生素 B_6 也会造成“少白头”。应多食这类食物，如谷类、豆类、干果类、动物肝、心、肾、奶类、蛋类和绿叶蔬菜等。

3. 还要注意多摄入富含酪氨酸的食物。黑色素的形成过程，是由酪氨酸霉氧化酪氨酸而成的。也就是说，黑色素形成的基础是酪氨酸，酪氨酸缺乏也会造成“少白头”。因此，应多摄入含酪氨酸丰富的食物，如鸡肉、瘦牛肉、瘦猪肉、兔肉、鱼及硬果类食物等。

4. 经常吃一些有益于养发、乌发的食物，增加合成黑色素的原料。中医认为“发为血之余”，“肾主骨，其滑在发”，主张多吃养血补肾的食品以达到乌发、润发的目的。

目前，在生活中出现“少白头”的人越来越多，所以，提醒大家要提前预防，多吃一些能够预防“少白头”的这类食物。

吃什么可以防治痤疮？

痤疮，是青春期常见的皮肤病，俗称粉刺或青春疙瘩。痤疮的生成与身体的发育有密切关系。一方面，在青春期，体内的性激素分泌较多，就会促使皮脂腺功能异常旺盛，产生大量皮脂；另一方面，雄性激素可促进毛囊口的上皮角化过度，使毛囊口被角质堵塞，皮脂无法顺利排出，堆积在皮脂腺内。此外，痤疮患者的皮脂成分不正常，也会导致发病。再者，在皮脂腺毛囊寄生的一些粉刺杆状细菌，在厌氧条件下大量繁殖，分解皮脂，产生一种有刺激的物质，叫游离脂肪酸。它可以通过皮脂腺毛囊的微小裂隙外溢，导致周围皮肤组织发炎。事实上，并非每个青春期的人都会长痤疮，我们要学会合理饮食，尽量让痤疮少发生。

在饮食上：

1. 少吃肥甘厚味等食物。因为这些食物容易使皮脂腺分泌异常，从而发生痤疮。因此，凡含油脂丰富的动物肥肉、鱼油、动物脑、蛋黄、芝麻、花生、糖以及含糖高的糕点等食品最好少吃。

2. 少吃辛辣刺激性食物。因为这些食物常常会导致痤疮复发。这类食物包括酒、浓茶、咖啡、辣椒、大蒜、韭菜、狗肉、雀肉、虾等。

3. 多吃富含维生素 A 和维生素 B 的食物。维生素 A 有益于上皮细胞的增生，能有效防止毛囊角化，消除粉刺，调节皮肤汗腺功能，减少酸性代谢产生对表皮的侵蚀。含维生素 A 丰富的食物有金针菜、胡萝卜、西兰花、小白菜、茴香菜、荠菜、菠菜、动物肝脏等。

维生素 B_2 能促进细胞内的生物氧化过程，参与糖、蛋白质和脂肪的代谢。各种动物性食品中都含有丰富的维生素 B_2，如动物内脏、瘦肉、乳类、蛋类及绿叶蔬菜等。

维生素 B_6 参与不饱和脂肪酸的代谢，对痤疮防治大有益处。含维生素 B_6 丰富的食物有蛋黄、瘦肉类、鱼类、豆类及白菜等。

富含锌的食物也有控制皮脂腺分泌，减轻细胞脱落和角化的作用。如瘦肉类、牡蛎、海参、海鱼、鸡蛋、核桃仁、葵花子、苹果、大葱、金针菇等。

4. 多食清凉祛热食品。痤疮患者大多数有内热，饮食应多选用具有清凉祛热、生津润燥作用的食品，如猪肺、兔肉、鸭肉、蘑菇、木耳、芹菜、油菜、菠菜、苋菜、莴笋、苦瓜、黄瓜、丝瓜、冬瓜、番茄、绿豆芽、绿豆、黄豆、豆腐、莲藕、西瓜、梨、山楂、苹果等。

所以，如果你的脸上长有痤疮，要注意合理饮食。

日常保健篇

迷恋电视有哪些危害？

看电视是现代人休闲生活中不可缺少的一部分，当然很多青少年也不例外。在学校一整天，回到家后第一件事常常就是打开电视，看看有什么好的节目。但电视看得太多了，不但浪费时间，还可能危害健康。具体表现为：

1. 看电视容易久坐不动，甚至还会吃零食，这就会让看电视的人面临体重增加，引发糖尿病、心脏疾病、高血压和关节炎等疾病。

2. 科学家研究指出，人们在看完想看的电视节目后，往往还会多看 2~3 小时。原因是看电视时，人脑中的 α 波变得活跃，β 波相对缓慢，就会造成一种微醉的放松状态。

3. 看电视也会影响情绪，包括厌倦、不满、暴躁、没有活力，甚至精神恍惚。

4. 教育心理学家希莉说，看电视可以让大脑额前叶部皮质出现短暂的空转状态。人们会以为这是让大脑休息的好机会，但时间长了对青少年影响不利，会削弱青少年处理问题及判断问题的能力。

同样，专家也指出，只要坚守开机关机的自主权，不被电视控制，基本上看适量的电视并不是一件坏事。检查一下自己观看电视的习惯和动机，远离迷恋电视，会让青少年更健康。

早睡早起有什么好处？

俗话说，早睡早起身体好。但是，这种说法到底有哪些科学根据呢？下面是来自一则最新研究小组的报告：

与常熬夜的人相比，早睡早起的人精神压力较小，其精神健康程度较高。

据悉，日本研究人员对440名职员分两项进行调查：首先，向他们分发了早睡早起型、“夜猫子”型生活方式调查表和自我判断精神抑郁度问答表。其次，研究人员还分别测量了被研究对象上班、上学和回家时唾液中皮质醇的指标。

研究结果表明，早睡早起的人唾液中的皮质醇指标较低，因此，他们的精神抑郁度也较低。人体激素分早晨型和夜晚型两种，皮质醇是早晨型激素的代表，起着分散压力的作用。没有压力的生活是不存在的，因此这种激素对守护人类健康起着重要作用。

从中可以看出，青少年如果养成早睡早起的良好习惯，那么对第二天学习的精神状态一定有着直接的影响。

哪些生活习惯会损坏大脑？

大脑不仅是人体进行思维活动最精密的器官，而且也是全身耗氧量最大的器官。大脑的耗氧量约占人体总耗氧量的1/4，因此，氧气充足有助于提高大脑的工作效率，保持高度的注意力。青少年在用脑时，需特别注重学习环境的空气质量。有些不良的生活习惯会严重损坏大脑，如：

长期饱食。据现代营养学研究发现，进食过饱后，大脑中被称为“纤维芽细胞生长因子”的物质会明显增多，势必会导致脑动脉硬化，甚至出现大脑早衰和智力减退等现象。

轻视早餐。不吃早餐容易使人的血糖低于正常供给，使得大脑的营养供应不足，久而久之对大脑有害。此外，早餐质量与智力发展也有密切联系。据研究,一般吃高蛋白早餐的青少年在课堂上的最佳思维普遍较长,而食素的青少年情绪和精力下降相对较快。

甜食过量。甜食过量的青少年往往智商较低。这是由于儿童脑部的发育离不开食物中充足的蛋白质和维生素,而甜食容易损害胃口,降低食欲,减少对高蛋白和多种维生素的摄入,导致机体营养不良,从而影响大脑发育。

长期吸烟。国外一位医学家研究表明,常年吸烟使脑组织呈现不同程度萎缩,易患老年性痴呆。因为长期吸烟易引起脑动脉硬化,久而久之导致大脑供血不足,神经细胞变性,继而发生脑萎缩。

睡眠不足。睡眠可以消除大脑疲劳。如果长期睡眠不足或质量太差,就会加速脑细胞的衰退,聪明的人也会变得糊涂起来。

少言寡语。经常说话也会促进大脑的发育和锻炼大脑的功能。建议人们应该多说一些内容丰富、有较强哲理性或逻辑性的话。不要整日沉默寡言、不苟言笑。

蒙头睡觉。棉被中二氧化碳的浓度会升高,氧气的浓度会逐渐下降,长时间吸进潮湿空气,对大脑有危害。

不愿动脑。思考是锻炼大脑的最佳方法。勤于思考,多动脑筋,人才会变聪明。反之,不愿动脑只能加速大脑的退化,聪明人也会变得愚笨。

带病用脑。在身体不适或患疾病时,勉强坚持学习或工作,不仅效率低下,而且易损伤大脑。

所以建议广大青少年在日常生活中,多听一些较舒缓的音乐,这对大脑神经细胞的代谢十分有利;与朋友或陌生人聊天也会促进大脑发育，锻炼大脑功能；多读书多看报，可以让大脑愈加丰富起来；观察周围的事物，及时往大脑中储存有用的信息，然后加以记忆，活跃思维。

损害身体健康的习惯有哪些？

尽管现在的人都比较注重饮食健康，但身体仍有一些小病小痛。其实，那些不舒服的小病痛，往往是由日常生活中我们所忽视的一些小细节造成的，也许在不经意间，就已经埋下了疾病的隐患。不妨看看自己有没有下列这些不正确的“小习惯”，重新检讨自己的生活作息，找出治本的健康守则。

1. 一双鞋天天穿着不换

由于脚会出汗，穿过一天之后的鞋都会变得潮湿，而且至少需要24小时才会完全干透。每天穿同一双鞋，就会令自己的脚长期处在一种潮湿的状态下，容易滋生病菌。

2. 习惯穿紧身衣服

紧身的衣服可以突出身体的完美曲线，这是许多爱美女孩的首选，即使体重增加了，也不肯加大尺码。其实，长时间穿着过紧的裤子不利于体内气体的排放运作，所谓“不通则痛”，容易引发腹涨等各种疾病。

3. 洗衣服时尽量省水

虽然提倡节约用水，但如果洗衣服时用水过少，衣服上的污物和洗衣粉就不能彻底被清洗，这样会刺激皮肤，尤其是敏感性皮肤，容易引发皮肤病。

4. 早上起床就光着脚丫

脚每天要承受身体的全部重量，所以每天都会有部分组织受到一定程度的伤害，这些伤害只有通过夜间的休息来加以恢复。如果早上起来光着脚丫子，脚后跟会负担过重，夜间恢复的组织也会再次遭到严重伤害。

5. 总是夹着电话筒讲话

这个动作很容易引发背部和颈部的肌肉疼痛。

6. 随便倒头就睡

由于学习太累，许多青少年会趴在桌子上、靠在椅子上睡觉。其实，睡觉是一个恢复体力、消除疲劳的过程，如果不能让身体自然放松，睡觉就无法发挥其该发挥的作用，而且还会引发肌肉疼痛甚至痉挛。

7. 从不清洗牙刷

所谓“病从口入”，牙刷在清洗我们的口腔时，会沾染上口腔内各种各样的物质，包括细菌，再加上它长期处在一个潮湿的环境中，更容易滋生细菌。有研究证明，牙刷如果使用15天后未清洗，就会滋生细菌。

8. 长时间地不眨眼睛

长时间盯着电脑或电视机屏幕，容易引发“视觉综合症”，出现流眼泪、视力下降、戴隐形眼镜不适等症状。

生活中容易被我们忽略掉的小细节也可能酿成大毛病，所以还是提醒青少年朋友，为了身体健康，要善待自己，把一些不良的习惯从现在起就慢慢改掉。

如何保护好自己的眼睛?

眼睛,是心灵的窗口。生活、工作、学习这一切都离不开眼睛。对于经常面对电脑的青少年来说,电脑屏幕对眼睛的损伤非常严重,很多人都意识到了这一点,但就是不知道如何去保护。下面我们一起了解一下如何去保护自己的眼睛。

1. 不要长时间持续使用电脑。通常在电脑前每 1 小时需要休息 10 分钟。在休息时可远望或做眼保健操。

2. 眼睛与屏幕之间应保持 50 厘米以上的距离,最好采用下视 20 度的视角。

3. 在使用电脑时要多眨眼,来增加眼内润滑剂和酶的分泌,保持眼睛湿润。

4. 常洗脸,可以减少电脑辐射对人体的伤害。

5. 每天饮用绿茶。绿茶中的脂多糖,可改善机体造血工能,增强人体免疫力,减少辐射影响。

6. 常吃一些新鲜的蔬菜和水果,可以预防角膜干燥、眼干涩、视力下降、甚至夜盲症等眼病。

7. 如果眼睛出现不适,经过长时间休息而不能消除症状者,则需及时到医院接受医生检查。

8. 一个良好的电脑使用环境,对于保护眼睛也是非常重要的。如电脑房间要经常通风;可以在室内放置一些植物,这样不仅可以保持室温,也可以补充氧气。

当然,最重要的是劳逸结合。这里教青少年一个护眼方法,站在窗前看远处的景物 30 秒，然后慢慢地把视线收回，再按顺时针方向逐个看窗户 4 个角，完成 5 次后再按逆时针方向做 5 次。最后闭眼深呼吸，这时眼睛就很舒服了。

如何保护好自己的牙齿？

要想保护牙齿，首先要了解牙的构造。牙分为牙冠、牙颈和牙根三部分。牙冠是我们能见到的部分，是露于牙龈以外的部分。牙冠表面覆盖着一层釉质，釉质是人体中最坚硬的组织，硬度近似石英；牙根是嵌入上、下颌骨牙槽突内的部分。牙根表面包有一层牙骨质；牙颈是介于牙冠和牙根之间的稍细部分，外包牙龈。很多时候我们的牙齿会疼痛难忍，要保护好自己的牙齿，必须做到以下几点：

1. 养成良好的刷牙习惯。饭后最好用温开水漱口，早晚各刷牙一次。刷牙的次数不能太多，多了反而会损伤牙齿，刷牙的时间也不宜过长。刷牙的方法要正确：顺着牙，竖着刷，刷完里面再刷外面。不可横向来回用力刷，否则会损伤牙龈。

2. 注意牙齿卫生，保护好牙齿。平时要少吃糖果，尤其是临睡前。此外，要注意日常的卫生习惯，不咬手指头、铅笔头等异物，不用舌头舐牙齿。

3. 如果牙齿有疼痛的病症，应及时就医。如有蛀牙或坏牙，应予以修补或拔除。

要做到以上几点并不难，关键在于持之以恒。人的一生有 2 副牙：一副为乳牙，共 20 个，上、下颌各 10 个。在出生后约半岁开始萌出，2 岁半左右出齐，7~12 岁期间，乳牙先后脱落；另一副为恒牙，共32个，上、下颌各16个，自6岁起，逐渐为乳牙更换，至12岁前后除智齿外，恒牙全部萌出。智齿一般在20岁以后萌出。智齿也可终身不出。因此，恒牙28~32个均为正常。

头发天天洗有哪些好处？

一头乌黑顺滑的秀发，会使人变得更有自信，也更容易赢得他人的好感。更何况我们生活的环境中，污垢、灰尘、酸雨及各种微生物如细菌、霉菌等无时无刻都在侵蚀着我们的“三千烦恼丝”。而恰恰是这些吸附在头发上的脏东西，容易导致发质受损。清洁是保养头发最基本的方法，只要根据自己的发质，选用优质洗发露并遵循正确的洗发方法，就会令头发更健康。现在，让我们了解一下经常洗发的好处：

1. 使发质受损的机会减少，令发质更健康。

污垢和灰尘会增加头发与头发之间的相互摩擦，引起发质受损。经常洗发，能洗去头发上积存的污垢、灰尘和油脂，增加发丝之间的通透性，让头发自由“呼吸”，由此来减少头发受损、折断的机会，令发质更完美。

2. 污垢和灰尘可使头发失去光泽，显得黯淡无生机。

如果经常洗发，能刺激皮脂腺的正常分泌，使头发滋润、顺滑，闪耀健康光泽。

3. 减少头皮屑的发生。

我们的头皮上都有微生物，有头屑的人头皮上某些微生物的数量会过多，影响了头发正常脱落的周期而产生头皮屑，而头皮上日常分泌的油脂则是这些微生物的培养基。每天保持清洗头发，洗去头皮和头发上多余的油脂，是控制头皮屑产生的最根本、也是最有效的方法。

4. 令我们健康清爽更自信。

油腻的发丝和纷飞的头皮屑容易使我们情绪低落，信心也大打折扣，而每天洗头可带给我们一种清爽、精神的感觉。闻着头发中隐约散发的清香，心情随之也会变得轻松。

勤洗头发这个习惯一定要保持下去，无论是给自己还是给周围的人，都能带来完美和自信。

生气对身体有哪些危害？

青少年的学业负担都比较重，有的成绩不是太理想的可能常常会自己生闷气，或者因家长施加压力而不开心。但是，大家可知道，生气不仅会影响我们的心情，还会对我们的皮肤及健康造成很严重的伤害，现在让我们一起来看看生气会带来哪些危害？

1. 脑细胞衰老加速

人在生气的时候有大量的血液涌向大脑，会增加脑血管的压力及血液中的毒素，减少氧气，从而会对脑细胞造成伤害，加速了脑细胞的衰老。而且毒素会刺激毛囊，引起毛囊周围程度不等的炎症，从而出现色斑。另外，大量的血液涌入大脑，还会使供应心脏的血液减少，从而造成心肌缺氧。

2. 胃溃疡

人们往往在生气的时候食欲会很差，这是因为生气会引起交感神经的兴奋，而交感神经的兴奋会直接作用于心脏和血管上，导致胃肠中的血流量减少，蠕动减慢，食欲变差，严重时还会引起胃溃疡。

3. 伤肝

自古就有“生气伤肝”一说，这是因为人在生气的时候会分泌一种物质，这种物质叫儿茶酚胺，它作用于中枢神经系统，会造成脂肪酸分解加强，血糖升高，血液和肝细胞内的毒素相应增加，进而对我们的肝脏造成伤害。

4. 伤肺

人在生气的时候，常常会感觉呼吸急促，有的时候甚至会出现过度换气等现象，这个时候为了保证及时呼吸，肺泡会不停地扩张，从而得不到应有的放松和休息，危害肺的健康。

5. 抵抗力下降，内分泌紊乱

人在生气的时候会出现抵抗力下降的症状，这是由于大脑发出信号，会让身体产生一种阻碍免疫细胞运作的物质——皮质固醇。这种物质在体内积累过多，就会导致抵抗力下降。不仅如此，生气还会令内分泌系统紊乱，使甲状腺分泌的激素增加。

常言道：“笑一笑，十年少。”保持一个良好心态，经常面带微笑，不要动不动就生气，这样就不会发生上面提到的一些问题了。

唱歌是健康的“天然良药”吗？

科学家告诉我们，唱歌除了艺术价值外，还具有很大的健康价值——它不仅能愉悦人们的心情，而且还能增强身体的免疫力，让老年人减少吃药和看病的次数。而且唱歌中使用的横膈膜呼吸法，还能起到缓解压力的作用。因此，唱歌被称作是保持身心健康的一剂“天然良药”。

1. 能释放荷尔蒙

国外某大学的一位教授对唱歌的作用进行了长期研究。研究证明，人们在唱歌的时候，大脑中会释放出一种名为催产素的荷尔蒙。刚生下孩子的妈妈在给宝宝喂奶时，大脑里会释放出这种荷尔蒙；恋人含情脉脉地相互凝视时，大脑中也会释放出这种荷尔蒙。这种荷尔蒙能增进人们之间的感情。研究人员还发现，人在青春期时大脑中释放的催产素是最多的，或许正是这个原因，有好多人对自己在青春期听过或唱过的歌印象非常深刻。

2. 能增强免疫功能

唱歌除了能让人精神愉快之外，还能增强人体免疫功能。虽然我们不能说唱歌能抵御感冒，但在适当情况下，唱歌确实能增强一个人的免疫系统。

美国的一位科学家进行了一个实验，测试了两组年龄在 65 岁以上的老人，这些老人都从来没有经过声乐训练，其中一组老人安排每周在专业指挥的指导下参加唱诗班，另一组老人只参加一些平时的活动，并不参加唱诗班。一年之后，第一组老人的健康指数要比第二组老人的高。坚持唱歌的老人去医院看病和吃药的次数也少了。

3. 能训练神经通路

其实，无论是老人，还是年轻人，或者是无家可归的人，在唱歌之后情绪都会变得更好。此外，患有肺气肿的病人在接受唱歌训练后，呼吸也会有所改善。研究还发现，业余唱歌爱好者的个人仪态、仪表也更好。

美国的一位艺术家认为，艺术和学习之间是有联系的。他说："音乐使用右脑，而语言使用左脑，两者之间的神经通路是很强的。几乎每唱一首歌，我都能记住它的歌词。对于孩子来说，有机会接触音乐和唱歌是非常重要的。他认为，"对艺术的学习能够训练人们的神经通路，这些神经通路对大家学习其他领域的知识具有非常重要的意义。"

从上面的实例中发现，唱歌的确是健康的"天然良药"。

床头闹钟是"健康杀手"吗？

可能我们每个人床头都有一个闹钟，它每天早晨会按时把我们从睡梦中叫醒。可是，最近有一个很有趣的调查，美国人把床头闹钟评为他们最讨厌的人类发明之一。其实，床头闹钟并不只是将我们从美梦中唤醒，事实上它还可能损害到我们的健康。

首先，闹钟突然响起，对心脏不好。据国外的一项研究发现，被闹铃突然惊醒的人要比睡到自然醒的人血压要高，而且心率也更快。

其次，闹铃声还会增加人的压力。压力会带来高血压、睡眠和精神抑郁等问题。如果我们在"深度"睡眠时被突然叫醒，思考问题的能力无疑将受到影响。

再次，据科学家证实，电子表会发出电磁场，虽然现在的电子表比以前的好多了，但它们仍然会产生电磁场。专家建议睡觉时应距离闹钟至少 1 米远。

原来，一个小小的闹钟也能危害到我们的健康。

怎样预防空调病？

空调在给人们带来舒爽的同时，也带来一种“疾病”，即“空调病”。长时间在空调环境下工作或学习的人，常常因空气不流通，环境得不到改善，身体会出现一系列病状反应比如鼻塞、头昏、打喷嚏、耳鸣、乏力、记忆力减退等症状，以及一些皮肤过敏的症状，例如皮肤发紧发干、易过敏、皮肤变差等等。这类症状在现代医学上被称之为“空调综合征”或“空调病”。如今越来越多的人安装了空调机，空调除了给人们带来了欢乐和清凉，也与此同时带来了让人困扰的空调病。

通常来说，空调病的主要症状会因各人的适应能力不同而有差异。一般症状表现为畏冷不适、疲乏无力、四肢肌肉关节酸痛、头痛、腰痛，严重的甚至还可引起口眼歪斜，这主要是耳部局部组织血管神经机能发生紊乱，使得位于茎乳孔部的小动脉发生痉挛，进而引起面部神经原发性缺血，继之静脉充血、水肿，水肿又压迫面神经，导致口角歪斜。

那么，我们该如何预防空调病呢？

1. 使用空调必须注意通风，每天应定时关闭空调，打开窗户，增气换气，让室内保持一定的新鲜空气，最好每两周清扫空调机一次。

2. 从空调环境中外出，最好先在阴凉的地方活动片刻，等身体适应后再到太阳光下活动；长期在空调室内生活、学习的人，应该每隔一段时间到户外活动，而且要多喝开水，以加速体内新陈代谢。

3. 保持空调室温和室外自然温度的温差不过大，尽量不超过5摄氏度。夜间睡眠最好不要再使用空调，入睡时关闭空调更为安全，若睡前在户外活动一段时间，会有利于促进血液循环，进而预防空调病。

4. 在空调环境下工作、学习时需要注意，不要让通风口的冷风直接吹在身上，大汗淋漓时更不要直接吹冷风，这样虽然降温快，然而很容易发病。

5. 最好不要在室内抽烟。

6. 要经常保持皮肤的清洁卫生，这是因为经常出入空调环境、冷热突变，皮肤附着的细菌容易在汗腺或皮脂腺内阻塞，从而容易引起感染化脓，所以应常常洗澡，以保持皮肤清洁。

7. 使用消毒剂杀灭与防止微生物的生长，保持环境卫生。

8. 增置除湿剂，防止细菌滋生。

9. 注意不要在静止的车内开放空调，以防汽车发动机排出的一氧化碳回流入车内而发生意外，即一氧化碳中毒。

10. 工作场所中的衣着，要达到空调环境中的保暖要求，不能太薄或太少。

11. 空调开到26摄氏度以上，既节能，又不易患病。

如何正确使用手机？

目前，手机已经成了人们日常交流沟通的重要工具，很多青少年也都开始拥有。但手机辐射对人体的危害也是相当大的，下面给大家介绍几种减少手机辐射的使用方法，希望对大家有帮助。

1. 使用耳机接听电话，减少手机辐射

手机辐射是由天线发出的，使用耳机来接听电话，可以避免接受移动电话释放的90%以上的电磁辐射。

2. 接通手机在最初5秒内避免贴近耳朵

据研究，在接听手机的最初5秒钟内，手机的辐射量最大。有些手机的最大辐射量甚至超过国家卫生标准限制范围的200多倍。所以，接听手机时最好在接通5秒钟后再贴近耳朵。

3. 尽量减少通话时间

用手机打电话时应尽量长话短说。如果一次通话时间较长，那么，中间不妨停一停，分成2次或3次交谈。

4. 手机信号弱时少听电话

据研究显示：如果在信号弱的环境下拨打手机，辐射会明显增大。所以，在手机信号不好的时候尽量避免打电话。

5. 手机尽量不要放在口袋、腰间或床头

很多男生都喜欢将手机放在自己的裤袋中，其实这严重影响到自己的生殖健康。经常把手机放在床头或枕头边的人，都有可能受到手机电磁辐射。

6. 孕妇最好少用手机

妇女怀孕的前3个月，是胚胎组织分化、发育的重要时期，也是最容易受内外环境影响的时期。因此，为了避免胎儿的畸形，母亲在妊娠期应远离手机。

7. 青少年少用手机

现在，不少家长都给孩子配备了手机，但专家认为，青少年的大脑还处于发育状态，他们的脑组织吸收电磁波的能力要比成人强，最好少用手机为宜。

看来，手机给人们带来便利的同时，也影响到了人们的健康。不过，在平常使用手机的时候，多加注意就可以了。

洗脚有哪些好处？

常言道："人之有脚，犹如树之有根；树老根先竭，人老脚先衰。"可见脚的健康与否，步履的敏捷与蹒跚，能直接反映出人体的衰老程度。根据"中医经络学说"，人体的五脏六腑在脚上都有相应的部位。经常洗脚，按摩脚趾、脚掌心，能防治局部及全身的诸多疾病。

首先，大足趾是两经的通路，经常洗脚，可疏肝健脾、增进食欲、治疗肝脾肿大；二足趾外侧属阳明胃经，可调节肠胃功能；四趾属胆经，能防治便秘、肋痛；小趾属膀胱经，能治疗小儿遗尿症，矫正妇女宫体位置；脚掌心是肾经涌泉穴所在，能治疗肾虚体亏。

其次，洗脚不但对人体肝脾有好处，勤洗脚，还可以有效预防足癣等各种脚部疾患。对已患足癣者，经常用淡盐水洗脚会不治自愈，并能防止由于不清洁而引起的继发细菌性感染。冬天用热水泡脚，能有效促进局部血液循环，预防冻疮发生。在炎热的夏天洗脚后，可顿时觉得清凉沁脾，神清气爽，益气解暑。

再次，从医学角度来看，洗脚对不少疾病有辅助医疗的作用。

用白果树叶熬水洗脚，可治小儿腹泻；用鸡毛熬水洗脚，可治顽固性膝踝关节麻木痉挛。

洗脚的正确方法是用手搓脚，不但洗得干净，更重要的是手对脚的搓揉推拿，能起到刺激神经，改善血液循环，活经通络，促进新陈代谢的功效。所以正值发育期的青少年多洗脚也是绝对有好处的。

活动手指有什么好处？

人体的每一块肌肉在大脑层中都有着相应的神经中枢，其中手指也不例外。手指运动中枢在大脑皮层中所占的区域最广泛，特别是手指的动作，越复杂、越精巧、越娴熟，就越能在大脑皮层建立更多的神经联系，从而使大脑变得更聪明。

1. 玩沙子、玩石子、玩豆豆等，都可以锻炼孩子手的神经反射，促进大脑发育。

2. 伸、屈手指，练习写字绘画，可以增强手指的柔韧性，提高大脑的活动效率。

3. 摆弄智力玩具、拍球投篮、学打算盘、做手指操等精细的活动，可以锻炼手指的灵活性，增强大脑和手指间的信息传达。

4. 玩积木、橡皮泥，有利于培养孩子的动手能力。

5. 经常让孩子交替使用左、右手，可同时开发左脑和右脑的智力。

因此，双手也被称为是大脑的“老师 ”。训练孩子手的技能，对于开发智力十分重要。

伸懒腰有什么好处？

工作或学习累了的时候，往往伸个懒腰，会觉得人体特别舒服。有时候在公共场所，我们伸个懒腰，表面看来，的确有失斯文；可实际上，这却是一种伸展腰部、活动筋骨、放松脊柱的自我锻炼方法。下面给大家介绍一下其中的好处：

1. 可使人体的胸腔器官对心、肺形成挤压，利于心脏的充分运动，使更多的氧气能供给各个组织器官。同时，由于上肢、上体的活动，能使更多的含氧的血液供给大脑，使人顿时感到清醒舒适。

2. 会引起全身大部分肌肉较强的收缩，在持续短短的几秒钟内，能将很多淤积停滞的血液赶回心脏，增加血液循环量，改善血液循环。

3. 它能使颈部血管顺畅地把血液输送到大脑，使大脑得到充足的营养，从而消除疲劳，振奋精神。

4. 可以增加吸氧量，呼出更多的二氧化碳，促进机体新陈代谢。

5. 使全身肌肉尤其是腰部肌肉，在有节奏的伸缩中得以平衡，可以防止腰肌劳损。

6. 还可以及时纠正脊柱过度向前弯曲，保持健美体型。

所以，建议大家在劳累的时候多伸伸懒腰。

打哈欠有哪些好处？

打哈欠是人体的一种本能反应，它就像心跳、呼吸一样，不受人的意志所控制。科学研究表明，打哈欠对保护脑细胞，增加脑细胞的供氧，以及提高人体的应激能力具有良好的保护作用。

关于打哈欠的原因，不同理论有不同说法。

生理理论认为是缺氧，说当肺脏周边组织侦测到肺里的氧浓度变低时，就会让人打哈欠以便吸入更多的空气，满足人的需要。然而我们现在知道，肺脏不一定能够侦测到氧气的不足。最近的一项研究指出，通过超声波扫描，可以看到胎儿在母亲肚子里打哈欠的影像，但子宫内胎儿的肺脏还不能换气。同时也有实验证明，人们在二氧化碳浓度偏高的环境里打哈欠的次数，并不明显比在正常的环境中多。

厌倦理论认为，如果人对某件事情感到厌倦，那么就会打哈欠，用这种形体语言来表达自己的不感兴趣。可是被称为大脑“哈欠中枢”的下视丘的旁室核的活动，经常是跟最感兴趣的事情联系在一起的。所以，厌倦理论认为的打哈欠源自人们的疲惫与无聊这个观点可能是错的。

进化理论则认为，人类打哈欠是原始祖先一代代传下来的，是为了露出牙齿向别人发出警告，是一种进化过程获得的保护机制。例如蜷伏在草丛里一动不动的蛇，常常打完哈欠再行动；水中的河马也会先打个哈欠，之后再从水中走出来。鉴于人类的发展已经进入了文明社会，用打哈欠的方式向别人发出警告已经过时了。如果按照进化理论这样的说法，那么人类打哈欠的这种行为，最有可能是一种已经丧失存在意义的演化遗迹了。

当生理理论、厌倦理论、进化理论都不能说服大家的时候，一个理论基本上得到了大多数人的认可，它就是美国马里兰大学的生理学家普罗文和贝宁格对哈欠作了十多年的研究。他们的研究发现，夜间开车的司机会频繁地大打哈欠，正在认真看书和做作业的学生也会哈欠连连，可是却很少有人在床上打哈欠。所以，他们认为打哈欠是人们觉得必须保持清醒状态的时候，促进身体觉醒的一种反应。

从这个意义上说，哈欠可以认为是一种提醒人们保持清醒的生理机制，一次打哈欠的时间大约为6秒钟，在这期间内人闭目塞听，全身神经、肌肉得到完全松弛。并且这一过程中促进血液的回流，帮助新陈代谢，使细胞获得更多的氧气，以有效地将胸中的废气吐出，从而增加血中氧气浓度，对于大脑的中枢有去除困倦感的作用。打哈欠是需要脸部的肌肉运动来完成的，所以可以通过有意识地咬紧牙关来抑制。

而哈欠的合理利用也能给我们带来好处。所以当青少年在紧张的学习、工作之后，不妨伸开双臂或者将头后仰，打一个长的哈欠，此时，你的胸腔中会有一种舒适感。

经常梳头有什么好处？

中医认为，人体内外上下，脏腑器官之间互相联系，气血调和输养，要靠人体中的十二经脉、奇经八脉等经络起传导作用。经络遍布全身，气血也通达全身，才能发挥其生理效应、营养组织器官以及保卫机体。这些经络或直接汇集头部，或者间接作用于头部，人头顶“百会穴”就由此得名。因此梳头可以起到疏通气血，起到滋养头发、健脑聪耳、散风明目、防治头痛等作用。关于梳头的这个认知，很早就被人接受了。早在隋朝，名医巢元方就曾明确指出，梳头有通畅血脉、祛风散湿的作用。北宋大文学家苏东坡对梳头能促进睡眠就有深切体会，他说："梳头百余下，散发卧，熟寝至天明"。

《养生论》中建议人们说："春三月，每朝梳头一二百下。"人们清晨起来，早已养成洗漱梳理的习惯，可是为什么要特别强调春天梳头？这是由于春天是大自然阳气萌生的季节，人体的阳气也顺应自然，有向上向外升发的趋势特点，表现为毛孔逐渐舒展，循环系统功能加强，代谢旺盛，生长迅速等等。故而人们在春天养生保健中就要求必须顺应天时和人体的生理特征，一定要使肢体舒展，调和气血。所以春天梳头正是符合春季养生强身的要求，能通达阳气、宣行郁滞、疏利气血，自然也就能够强身健体了。

现代也有研究表明，头是五官和中枢神经所在，经常梳头能加强对皮肤的磨擦，从而疏通血脉，改善头部血液循环，使头发得到滋养；能聪耳明目，缓解头痛，预防感冒；可促进大脑和脑神经的血液供应，有助于降低血压，预防脑溢血等疾病的发生；能健脑提神，解除疲劳，延缓大脑衰老。

从审美的角度说，梳发，是保持美发不可缺少的日常修整之一。梳发可以去掉头及头发上的浮皮和脏物，并给头皮以适度的刺激，以促进血液循环，使头发变得柔软而有光泽。

俗话说"千过梳头，头不白。"每天早晚用牛角梳或黄杨木梳，由前向后，再由后向前轻轻触及头皮各梳刮数遍，可疏通经气，促进头部血液循环，防止头发营养不良而导致的白发、黄发和脱发，同时还可以可消除用脑过度导致的头胀、麻木等。梳头的时候注意要用力平均，仅让梳齿轻轻接触到头皮便可以，千万不要让梳齿划破头皮。

梳头的力度和发质有关。如果你的头发是干性的，梳的时候要多用些力；头发是油性的，梳的时候用力越少越好，如果用力太多，会刺激皮脂增加分泌。

梳头好处何其多。我们每一个青少年都应养成持之以恒天天梳头的好习惯，可用牛角或桃木梳子，由前额向后梳，再由相反方向沿着发际自后向前梳，用力适中，动作缓慢柔和，2分钟内梳100次为一回，每天早晨梳2~5回，下午或傍晚也可再梳一次，以头皮有热、胀、麻感为佳。

坐着为什么不能午睡？

对于很多同学来说，午睡多会采取伏案睡眠的方式，这时如果不加以注意，则会对健康不利。

首先，人在睡熟之后，全身的基础代谢减慢，体温调节功能也随之下降，导致机体抵抗力降低。全身毛孔都处于张开状态，如果不注意保暖，醒来后往往会出现鼻塞、头晕等症状。

其次，伏案而睡有时还会导致身体各部位出现不适。如头部长时间枕在手臂上时，手臂的血液循环受阻，神经传导受影响，极易出现手臂麻木、酸疼等症状。而且往往醒后由于伏案睡觉时压迫到了眼球，造成眼压过高，会出现暂时性的视力模糊。长期如此，会使眼球胀大、眼轴增长，爱美的同学尤其要注意。

此外，伏案睡眠不能使身体得到彻底放松，身体的某些肌肉群、汗腺、皮肤在睡醒后会仍处于紧张状态，因而导致睡完觉后不仅没有精神饱满的感觉，相反可能会感到更加疲惫。因此，相关研究人员认为，如果伏案而睡出现了不适，那么就应该注意采取躺睡的方式了。

除了伏案而睡之外，有的同学还习惯在午休时坐着打盹。据研究，这样休息方式其实也并不能消除疲劳。这是因为人体处于睡眠状态时，血液循环减慢，头部供血减少，而坐着午睡由于体位关系，供给大脑的血液会更少，使人醒后容易出现头昏、眼花、乏力等一系列大脑缺血缺氧的症状，所以这种午睡方式也不合乎健康标准。

另外，还要提醒同学，午睡时间不宜过长，一般来说，午睡 10 分钟至 1 小时即可。而且不要饭后马上睡觉，刚吃了饭，消化器官正处于工作状态，此时午睡会降低消化机能，应于饭后 10~20 分钟再睡。

怎么喝咖啡才是正确的？

喝咖啡成为越来越多人的选择，青少年也不例外，但是怎样才是正确健康的喝法呢？

首先，喝咖啡要适量，并且浓度不要过高。一般来讲，我们每天喝入的咖啡不要超过 50 克。咖啡中含有咖啡因，能兴奋神经、刺激血管、加速心跳。过量饮用咖啡会引起血压升高、夜间失眠等症状。由于咖啡对胃粘膜有刺激作用，对于有胃溃疡或胃炎的人来说，喝过量咖啡能增加胃液分泌，因此会加重病变。

咖啡趁热喝比较好，温度在 80℃到 90℃为佳，最能散发原汁原味的浓香。很多年轻朋友在喝咖啡的时候都喜欢加一些牛奶，其实，这样做是不太合适的。最好不要把咖啡与牛奶调和饮用。如果实在要加入一些东西才能饮用，那么，我们的建议就是要用植脂末，也就是我们通常所说的咖啡伴侣或者是炼乳来代替。之所以要这样做，是因为牛奶里面含有非常丰富的矿物质，特别是钙质的含量非常高(大家知道，喝牛奶是补充钙质的最好来源之一)。但是，当钙和咖啡结合在一起的时候，咖啡的主要成分咖啡碱就会吸附牛奶里面的矿物质和钙。这样，人们在饮用加牛奶调和后的咖啡时，就会影响钙质的吸收了。但对于近些年人们所说的喝咖啡会造成钙流失这个问题，目前在国际医学界还没有定论，在国内也没有发现这样的病症。所以，爱喝咖啡的朋友，也不要因为这个问题而过分担忧。

喝咖啡喜欢加糖的人需要注意一下，其实一杯好咖啡用糖也有讲究。为了节约成本多数咖啡店会选用白砂糖，但它会影响咖啡的原味。真正好的咖啡用糖应该是原糖，也就是黄糖，颗粒大、色泽发黄。

此外，还得注意，咖啡本身的营养含量非常少。所以在喝咖啡的同时，不妨配吃一些小点心，或者往咖啡里面加一些植脂末、炼乳之类的东西，这样不仅调节了咖啡本身的口味，增强了口感，同时也增加了它的营养。

对了，还有一点需要告诉大家的是，由于咖啡一般饮后约 1 个小时就会起作用，而它作用于人体的时间一般可维持 4~5 个小时，所以如果你想在一天内精力充沛的话，饮用咖啡的时间应在上午 9~10 点，或者是下午 2~3 点钟，睡前不要喝，以免失眠。这样既可以享受到咖啡带给你的好处，又不会因此而影响睡眠。

怎样才能睡好觉？

睡眠是人类最基本的生理活动之一，足够的和高质量的睡眠是良好的健康标志。很多青少年由于学业压力等睡眠质量下降。睡眠质量下降可能导致出现疲惫、记忆力下降、注意力不集中和心情烦躁等症状，甚至还可引起抑郁症或精神分裂等问题，直接影响我们每天的精神状态，以及学习、工作的效率。

如今人们的健康意识不断提高，睡眠问题引起了社会关注。2001 年，国际精神卫生和神经科学基金会将每年的 3 月 21 日定为“世界睡眠日”。

怎样才能睡好觉呢？下面我们介绍提高睡眠质量十法 。

1.坚持有规律的作息时间，周末不要睡得太晚。如果你周六睡得晚、周日起得晚，那么周日晚上你很有可能失眠。

2.睡前勿暴饮暴食。在睡觉前大约 2 个小时吃少量的晚餐，不要喝太多的水，因为晚上不断上厕所会影响睡眠质量；晚上最好不要吃辛辣的富含油脂的刺激性食物，因为这些食物也会影响睡眠。

3.睡前远离咖啡和尼古丁。建议你睡觉前 8 小时不要喝咖啡。

4.选择锻炼时间。下午锻炼是帮助睡眠的最佳时间，而有规律的身体锻炼能提高夜间睡眠的质量。

5.保持室温偏低。卧室温度稍低有助于睡眠。

6.大睡要放在晚间。白天打盹可能会导致夜晚睡眠时间被“剥夺”。白天的午睡时间严格控制在 1 个小时以内，且不能在下午 3 点后还睡觉。

7.保持安静。关掉电视和收音机,因为安静对提高睡眠质量是非常有益的。

8.舒适的床。一张舒适的床给你提供一个良好的睡眠空间。另外,你要确定床是否够宽大。

9.睡前洗澡。睡觉之前的一个热水澡有助于你放松肌肉,可令你睡得更好。

10.不要依赖安眠药。在服用安眠药之前一定要咨询医生,建议你服用安眠药不要超过 4 周。

最后专家提醒,失眠的时候不要给自己压力,因为压力会让你更睡不着,要学会放松。

你的睡觉方式正确吗？

我们每一个人生命中大约有 1/3 的时间用在睡眠上，睡眠对于生命和健康是尤为重要的，它是一切生理活动所需能量进行恢复并重新积累的过程。

然而每一个人对睡觉又有多少正确的认识呢？几乎每人都存在不利健康的睡觉方式。比如以下几种：

1. 饭后立即睡觉

饭后,为了更好地消化、吸收胃内的大量食物,机体就会增加胃、肠的血流量。然而身体里的血量却是相对固定的,因此大脑的血容量就会相应减少,血压也会随之下降,而在这时睡觉,很有可能会因为脑供血不足而发生中风。因此吃完饭后不应立即睡觉,应该稍稍运动一下,降低中风发生的概率。

2. 坐着睡觉

坐着睡的睡觉方式能够减慢心率，使得血管扩张，这样的话流到各脏器的血液也就相对少了。而且胃部消化也需要血液供应，因此会加重了脑缺氧，从而导致头晕、耳鸣症状的出现。特别是家里有心肌功能较差的老年人，就更应该加以注意不能让其坐着睡觉。

3. 醒后马上起床

刚刚睡醒时心跳会比较平缓，而全身的供血量此时比较少，心脑血管也会相对地收缩。所以如果醒后马上起床的话，会导致心脑血管迅速扩张，大脑的兴奋性也因此加强，这种状况很容易出现脑出血。所以，睡醒后应在床上养神三五分钟后再起床。

4. 戴表睡觉

很多年轻人喜欢戴着手表睡觉，这样既会缩短手表的使用寿命，也不利于身体健康。这是由于入睡后血流速度减缓，而带表睡觉可能会导致腕部的血液循环不畅。如果你手上所戴的是夜光表，还会有辐射的影响，虽然辐射量很小，但随着时间积累也会导致不良后果。

5. 戴假牙睡觉

由于个别牙齿缺失而戴活动假牙修复的人，为了防止假牙脱落掉入食管或者气管，最好睡觉时不戴。如果是装了全口假牙的人，在形成佩戴习惯之前，可以戴着睡觉，当使用习惯以后，就应记得在临睡前摘下假牙，并将其浸泡在清洗液或者冷水中，第二天早上漱口后，再放入口腔戴上。

6. 手机放枕边睡觉

一大部分人为了通话方便，会将手机放在枕头旁边在睡觉时。

而手机在开启和使用过程中，大量的不同波长和频率的电磁波会释放出来，从而形成一种电子雾。这种电子雾会影响人的神经系统和其它器官组织的生理功能。国外的学者的甚至还有研究表明，手机辐射能诱发细胞癌变。

7. 戴乳罩睡觉

已有研究表明，戴乳罩睡觉易诱发乳腺癌。因为长时间的戴乳罩会影响乳房的血液循环和部分淋巴液的正常流通，因而不能及时清除体内的有害物质，长期这样就会使正常乳腺细胞癌变。所以有这个习惯的女生要千万注意。

8. 带妆睡觉

有些青年女性，常常睡觉时不卸妆，而是带着残妆睡觉。没有卸掉的化妆品会堵塞肌肤毛孔，成为汗液分泌的障碍，妨碍细胞呼吸，长时间累积会诱发粉刺，进而损伤容颜。因此，睡前卸妆洗脸是很有必要的，既可以清除残妆对颜面的刺激，保持皮肤光滑润泽，还有助于早入梦乡。

如何有效预防感冒？

感冒是我们日常生活中的一种常见病、多发病，患感冒或流行性感冒会使人体抵抗力降低，容易引起细菌感染。常见并发症有：葡萄球菌、肺炎球菌、流感杆菌等，这些并发症可引起肺炎、副鼻窦炎、中耳炎、支气管炎等，严重的可引起心肌损害及脑膜炎等。青少年尤其要提高对感冒的重视。

通过采取合理有效的措施，感冒是完全可以预防的。

1. 热水泡脚

每晚用较热的水（温度以热到自己不能忍受为止）泡脚 15 分钟，要注意泡脚时水量要没过脚面才可以，泡后双脚要发红，才可预防感冒。

2. 生吃大葱

生吃大葱时，可将油烧热浇在切细的葱丝上，然后与豆腐等凉拌吃，不仅可口，而且可以预防感冒。

3. 盐水漱口

每天早晚餐后用淡盐水漱口，来清除口腔病菌。在流感流行的时候更要注意盐水漱口，此时，仰头含漱使盐水充分冲洗咽部效果更佳。

4. 冷水浴面

每天洗脸时要用冷水，用手掬一捧水洗鼻孔，用鼻孔轻轻吸入少量水(注意勿吸入过深以免呛着)再擤出，如此反复多次。

5. 按摩鼻沟

两手对搓，直到掌心热后按摩迎香穴(位于鼻沟内、横平鼻外缘中点)十余次左右，可以预防感冒以及在感冒后减轻鼻塞症状。

6. 鼻子插葱

感冒后鼻子不通气怎么办呢？可以在睡觉时在两个鼻孔内各塞进一鲜葱条，3 小时后取出，一般一次可以治愈。倘若不行，可于第二日重复做一次。需要提醒的是：①葱条要选择粗一点，细了，一是药力小，二是容易吸入鼻腔深部，反而不易取出。②若患者的鼻腔接触鲜葱过敏，可在葱条的外面包上一层薄薄的棉。

7. 白酒擦身

用铜钱、硬币等光滑硬物蘸白酒，轻刮前后胸、曲池及下肢曲窝处，直至皮肤发红发热，接着喝一碗热姜糖水，约15分钟后便大汗淋漓。汗后周身会感觉轻松舒适，此时注意免受风寒，感冒很快痊愈。

8. 可乐煮姜

鲜姜20~30克，去皮切碎，放入一大瓶可口可乐中，用铝锅煮开，稍凉后趁热喝下，防治流感效果良好。

9. 呼吸蒸汽

初发感冒时，在杯中倒入开水，然后对着热气做深呼吸，直到杯中水变凉为止，每日数次，此法可减轻鼻塞症状。

10. 热风吹面

刚开始感冒时，可用电吹风对着太阳穴吹3~5分钟热风，每日数次，可减少症状，加速痊愈。

11. 蒜泥蜂蜜

将等份的蒜泥和蜂蜜混匀后，用白开水送服，每次一汤匙，每天4~6次，对治疗流感有佳效。

12. 香油拌蛋

将50克香油加热后打入一枚鲜鸡蛋，接着冲进沸水搅匀，然后趁热喝下，早晚各服一次，2~3天便可治好感冒愈后的咳嗽。

如何正确洗澡？

研究表明，人的皮肤表面有一层薄薄的皮脂膜，它是由分泌的油脂、汗液和皮肤细胞碎屑构成的，对皮肤有着保护作用，并让皮肤看上去有自然光泽。而冬季皮肤干燥、缺水、瘙痒等症状，就源于这层皮脂膜受到了破坏。所以青少年朋友应注意，正确洗澡，应该是在清洁皮肤的同时不破坏皮脂膜。

首先，水温应在 40~50 摄氏度之间，比体温略高，但又不感觉烫。水太烫会破坏皮脂膜，从而造成皮肤微小的损伤，加重瘙痒。

其次，如果是天天洗澡的话，每次洗澡时间维持在 5~10 分钟就可以，不要超过 30 分钟。推荐盆浴或者木桶浴，这是因为泡在水里能促进皮肤吸收水分，并且还可以加快血液循环，改善皮肤代谢。洗澡时，注意不要大力搓，以免造成皮肤损伤，加重瘙痒。另外，老人盆浴，水位不要超过心脏水平。洗澡前还可以将适量淀粉或燕麦煮开，然后放进浴缸里，浴后不要冲洗。淀粉浴和燕麦浴能够安抚皮肤，降低皮肤敏感度，保护皮脂膜，减轻皮肤瘙痒等。

再次，选择清洁用品时尽量选中性或弱酸性的沐浴露，不要用碱性的香皂、肥皂。如何判断酸碱性，看商品说明就可以。冬季洗澡时，如果不是特别脏，是可以不用沐浴露的。

最后，浴后注意一定要在皮肤没干透的情况下再搽乳液，除了腋下、腹股沟，全身都要抹。小腿、腰、臀和前臂因为皮脂腺最少，所以最容易发生瘙痒，要多抹或者反复抹。由于浴后乳液保湿效果只有一两天，因此即使不洗澡也要记得涂抹。

青春期少女怎样对乳房进行保健？

乳房是女性的重要生理标志之一，而乳房的健康与否对女性有着重要的意义。乳房的保健不仅仅限于已婚或中年妇女，青春期少女也应从小做好乳房的保健。那么青春期少女应该如何正确地保健乳房呢？

通常来说，专家建议少女，青春期乳房开始发育时，尽量不要过早地戴乳罩。乳房充分发育后可开始戴乳罩，但松紧度要适当，不要因为害羞而过紧地束胸。在乳房发育过程中，有时会出现轻微胀痛感，这时候不要用手捏挤或搔抓。青春期女性应认识到：这个阶段乳房发育是正常的生理现象，也是健美的标志之一，青春期应加倍保护自己的乳房使之丰满健康。具体应做到以下几点：

1. 注意姿势。平时走路要挺胸抬头，收腹紧臀；坐姿也要保持挺胸端坐，不要含胸驮背；睡眠时要采取仰卧位或侧卧位，不要俯卧。

2. 避免外伤。在劳动或体育运动时，要特别注意保护乳房，避免受到撞击伤或挤压伤。

3. 做好胸部健美。这里主要指的是加强胸部的肌肉锻炼，比如适当多做些扩胸运动或俯卧撑、扩胸健美操等。

4. 局部按摩。坚持每天早晚适当地按摩乳房，可促进神经反射作用，从而改善脑垂体的分泌。

5. 营养要适度。处于青春期的女性不能片面地追求曲线美而盲目地节食、偏食，通过适量蛋白质食物的摄入，能增加胸部的脂肪量，从而保持乳房丰满。

通过以上的介绍，青春期的少女们一定要意识到乳房保健的重要性，然后采用正确的方法保护自己的乳房，与此同时养成好的习惯，从而让自己的乳房健康发育和成长。

青春期少女私密处如何保健？

女子阴道是月经排出的通道，又是性交的接纳器官，还是正常分娩胎儿的产道。由于女性外生殖器构造非常复杂，阴道的上端连接着子宫，它的下端就是阴道口，阴道前面和膀胱、尿道为邻，后面则与直肠、会阴相连。还由于阴道皱褶太多，很易藏垢纳污，另外阴道口靠近肛门，很容易污染，再加上阴道经常有分泌物流出，因此特别要注意外生殖器的清洁，特别是便前洗手。

清洗时要注意，备好自己的专用清洗用具、毛巾。清洗用具在使用前要洗净，专用毛巾使用后注意要晒干或在通风处晾干，最好在太阳下曝晒，这样有利于杀菌消毒。

当温水清洗外阴部时，不要使用碱性大的肥皂或高锰酸钾等化学物质以免改变阴道本身正常的酸性环境。必须用肥皂时，可以选用刺激性较小的婴儿浴皂，这样可以减少对皮肤的刺激。

大便后用手纸由前向后揩拭干净，而且最好养成用温水清洗或冲洗肛门的习惯。若不揩净，肛门口留有粪渍，会污染了内裤，粪渍内含有的肠道细菌会趁机拐入阴道，从而引起炎症。例假期间，要注意用温水勤洗外阴，勤换卫生巾，避免血渍成为细菌的培养基。同时养成良好的生活习惯，不饮酒、吸烟、远离毒品。

阴道是女性的外生殖器官，处在青春期的少女要爱惜它们，那是你未来或当今幸福的一部分。所以要保护好你的阴道，做好日常保健工作。

如何做好经期卫生保健？

月经是一种生理现象，但是由于月经期机体产生着种种变化，以致每到这个时候女性的全身和局部抵御能力有所降低，处在青春期的少女如果不注意，便很容易生病而影响健康和以后的生育能力。月经期间的清洁卫生关联青春期至绝经期的每一个女性，所以，依据月经期间的生理特点，要注意：

1. 避免感染：由于女性生殖道的外口与肛门非常近，而粪便中又含许多病原菌，因此非常易于引发生殖器感染。尤其是在女性月经期间，如果生殖道下部不清洁，就更容易导致上行性感染而引发盆腔炎。所以月经期要使用干净的卫生巾，而且要勤换。要保持外阴的清洁，月经期应常用干净的布巾擦洗阴部，但注意不可盆浴或下身浸泡水内，也不可以游泳，防止脏水进入阴道。在月经期间正常情况下不做阴道检查。月经期间应禁房事，以免带入细菌引起发炎。

2. 避免过劳：在月经期间是可以照常参加一般的劳动，适当活动可以促进盆腔的血液循环，不过注意这个时候机体易于疲倦，免疫力下降，所以在此期间务必注意避免精神和体力的过劳，不可做激烈的运动。

3. 避免湿冷：经期，因为全身免疫力下降，易患感冒，因此要注意身体保暖，避免寒冷刺激，尤其要避免下半身受凉，如下水田、趟河、淋雨、用冷水洗脚，洗冷水澡、坐凉地等这些情况很容易导致盆腔脏器的血管收缩，从而使经血过少，甚至突然中断，月经不调。

4. 避免情绪波动：月经期和神经精神活动关系密切，所以该阶段情绪易于波动。

5. 避免刺激性食物：月经期要吃新鲜容易消化的食物，切忌进食生、冷、酸、辣等刺激性食物。还应注意的是月经期易于发生便秘，而便秘可引起下半身充血，所以经期应多喝水，保持排便顺畅。

脸上长青春痘怎么办？

青春痘又叫痤疮、粉刺或毛囊炎，是由于毛囊及皮脂腺阻塞、发炎所引发的一种皮肤病。青春期时因体内的荷尔蒙会刺激毛发生长，促进皮脂腺分泌更多油脂，毛发和皮脂腺因此堆积许多物质，使油脂和细菌附著而引发皮肤红肿。由于这种症状常见于青少年男女中，所以才称它为“青春痘”。

秘诀一：正确地洗脸

很多人认为脸洗多了会把宝贵的皮脂膜洗掉。其实，脸上的油脂是不停地在分泌，所以根本不必担心洗脸会把油脂洗光。如果你洗脸的方法正确，那么既可以去除多余的油脂，还可维持皮肤的光滑洁净。一般来说，每天洗两三次脸都是可以的，但应该简单地洗，也就是说，以温水冲过让皮肤湿润后，接着将祛痘洁面乳放在手掌上揉搓，然后在脸部长有青春痘或粉刺的地方轻轻地按摩，按摩一段时间后用水洗掉。切记清洗面部时不要过度按摩脸皮也不能用太热的水洗脸。如果面部已经有点轻微脱皮时，洗脸的次数就可以相应减少。如此一来就可常保清爽、舒服。当然有时青春痘不只在脸上，前胸后背都有可能冒出来，这时一天能洗两次澡，而且配合肥皂使用会有所改善，但切记水温不可太高，这是因为温度会刺激油脂分泌。

秘诀二：不要挤压青春痘

当青春痘里的脓汁或白色油脂颗粒挤出来后，感觉上青春痘好像会消得比较快，恰恰相反，此举却会造成一连串伤害，比如出现凹洞、黑斑，容易脸红，血管扩张形成一条条的血丝，及老是在同一个地方冒出青春痘等。所以不要挤压青春痘，只要耐心等待两三周，让颗粒球干燥、密实，然后在清洁时自然掉出，就不会留下疤痕。

秘诀三：不要蒸脸

年轻女孩容易脸红，也就是说容易因为紧张、闷热，烦燥而使整个面部泛红。蒸脸、温暖都会使这种情况更加明显并且加速油脂分泌，这样反而更容易形成青春痘。

秘诀四：适当地使用保养品及化妆品

一般情况下眼眶周围是干燥的，所以洗脸时此处可以不必用清洁用品，只要用冷水冲洗就可以。洗过脸就习惯性地抹些保养性乳液在干燥的眼皮附近。不过应该注意的是那些容易长青春痘的地方，就应该做到连化妆水都不要擦，尽量保持干爽。只要皮肤油性稳定，平日里只涂些口红，稍稍上些眼影，就可使整个人看起来亮丽大方。因而脸部的保养，并非每一处都相同，而是看其具体需要。

秘诀五：不要晒太阳

一般来说，青春痘长得太严重时，即便好了也会留下色素斑。如果晒到太阳后，紫外线会加深色素斑的痕迹，使得整张脸看起来不是红的就是黑的，表现为到处色泽不一致。而且随着年龄增加，黑斑的概率也大大提高，所以要非常注意防晒。防晒的方法仍以伞、帽子及各种遮掩物较适合，因为一般防晒乳液或者隔离霜可能更易助长青春痘。

秘诀六：睡眠要充足

睡得不好的时候油脂会分泌得更多，因而青春痘也长得更多，并且脸色也会灰沉沉的，呈现不健康的色泽。所以不要熬夜，睡眠绝对要够。

秘诀七：心情要放松

紧张、烦燥等不良情绪同样会导致油脂分泌增加，所以心情不愉快就尤如落井下石般，青春痘会长得更多。

秘诀八：饮食要均衡

既然没有确切、有说服力的证据表明巧克力、花生会让你长更多的青春痘，为何不享受一下美味可口的食物呢？要皮肤光亮、洁净、健康，就需要补充各种不同的营养素，缺一不可，而且也不需特意偏食。不过，那些吃了会让脸发热、发红的饮食，如辣椒、热汤等仍需避免。

秘诀九：使用药物帮忙

目前市面上可买到治疗青春痘的外用药是很多的，大部分是安全又有效的。但绝不可能收立竿见影之效，即便在正确使用下也要两三个月。有时候外用药品使用时，初期会变得更严重，甚至皮肤会因为药物适应性的关系变得又红又脱皮，比如维生素A酸的外用药膏，但只要持续使用下去，就会渐渐适应进而调节，青春痘的症状也会因此改善。还有些外用药本身效果很好，但可能因为患者肤质不同或过敏，所以如果使用后会出现红、痒等症状，就应先停止用药，并拿着药去请教相关医师。

秘诀十：请教医师

如果以上的建议你确实注意并做到了，状况却依然无法改善，或者你对本文有不甚了解之处，或者你不敢随便买药来使用，又或者你希望有专业人士能依照你的皮肤给你正确的建议，那么你就应该去治疗青春痘的专门机构，请专业人士指导，给出建议。

变声期如何保护好嗓子？

一般情况下青少年在14~16岁左右进入变声期。这个时期是他们喉头、声带增长发育的阶段。变声期内会有如下表现：声音嘶哑、音域狭窄、发音疲劳、局部充血水肿、分泌物增多等。这个时期内声带保养尤为重要。

1. 使用：正确使用嗓子，切忌过度滥用嗓子高声喊叫或者无节制地大声喧哗，尤其注意不要过度K歌，青春期用嗓过度后果很严重，可能会导致终生声音嘶哑。

2. 保暖：避免着凉、感冒，因为着凉、感冒都会加重声带的肿胀和充血。特别要注意冬天的保暖，尽量不要穿低领衣服，尤其注意脖子保暖，以避免口腔、喉部受冷。此外除了注意随天气变化而适时增减衣服和被褥，还要适量参加一些体育活动，研究表明每天进行体育锻炼增强体质，对声带的健康生长发育也大有好处。

3. 锻炼：做到劳逸结合，有规律地生活。不要熬夜，每天要有7小时以上的睡眠时间从而保证睡眠充足。

健康饮食养声带的原则有：

1. 尽量不吃或少吃刺激性食物，如大蒜、辣椒、生姜、韭莱等，因这些食物会刺激气管、喉头与声带；

2. 冬天切忌喝太烫的开水，夏天注意不吃太凉的冷饮，剧烈运动后不要马上喝冷水；

3. 切忌吸烟喝酒，这是由于烟酒中的有害物质对青少年的生长发育(尤其是声带的生长发育)是非常有害的；

4. 主食及副食以软质、精细食物为宜；

5. 注意不要吃炒花生仁、爆米花、锅巴、坚果类以及油炸类既硬且干燥的食品，避免对喉咙造成机械性损伤。

青少年有网瘾怎么办？

网瘾就是网络成瘾的简称。如今，互联网已成为主宰当今信息社会的一大潮流，青少年网络成瘾就是青少年对光怪陆离的网络世界、稀奇古怪的网络游戏等网络信息产生强烈的好奇心而他们又缺乏一定的自制力，所以形成了对网络的过度迷恋，以至造成心理和行为的过度依赖。

据有关调查数据表明，目前我国青少年网络成瘾人数已越千万，而且人数也越来越多。青少年网络成瘾的现状和其带来的危害已经引起社会各方的高度重视。

如何解决网瘾问题呢？这不单单是家长和老师的当务之急，而是需要全社会通力协作。对于有网瘾的孩子，不能简单地谴责网瘾，对其采取高压措施，应该要虚心向虚拟世界求教，通过改造我们的教育体制，让孩子们的社会需要在现实生活中就能得到满足，这样他们不必去虚拟世界寻找替代物。

虚拟世界有哪些强大的吸引力呢？下面是一些值得仿效的基本原则：

1. 奖励原则

通过升级和物品，网络游戏对孩子们极其微小的进步予以奖励。现实生活中也是一样，即使是表现再差的学生，都有可能出现点滴的进步，这时我们为什么不能对这些学生及时予以肯定，来满足他们自尊需要和成就需要呢？而这些看似小的、微不足道的进步将会慢慢积累起来，然后渐渐成为习惯，最后会形成他们良好的行为模式。

2. 娱乐原则

我们都知道，网络游戏是以娱乐贯穿始终的。而在现实生活中，孩子们的学习过程并不是被快乐充斥着，为什么我们不能重新设计教学内容以及教学方式，让孩子在求知过程洋溢着乐趣？为什么我们不能在学校开设各种兴趣小组，让孩子的潜能都得到发挥，好奇心都得到满足？为什么我们不能让孩子们主动性起来，有一些选择权，让他们在自己感兴趣的领域得到更多的发展？为什么我们不能打破单一的分数标准，做到“不拘一格降人才”？如果我们做到了这些，就能让所有的孩子都充满自信，充满成就感，充分满足其社会需要，而不会网络成瘾。

3. 平等原则

上网聊天为何最吸引人，其中最主要的是因为网上的交流是平等的、自由的，所以家长和老师应该加强与孩子之间的交流，并且这种交流必须是平等的，不是进行简单说教，而是要用孩子的眼光看待现实世界，并且以过来人的身份诉说青少年时期的艰难、烦恼和快乐。

吸烟对健康有哪些危害？

吸烟被喻为一种慢性自杀行为，已成为当今世界危害最严重的社会问题之一。而吸烟在我国青少年中是十分常见的现象，虽然《中华人民共和国未成年人保护法》和《中学生守则》都规定了未成年人和中学生不许吸烟，不过青少年中吸烟的人数还相当多，并且有上升趋势。青少年吸烟是一种极其有害的不良行为。

首先，它对生命构成威胁。总体上看，青少年吸烟的危害比成年人要大。这是因为青少年正处在身体迅速成长发育的阶段，身体的各器官系统还没有完全发育成熟，神经系统，内分泌功能，免疫功能都不太稳定，比较稚嫩和敏感，所以抵抗力不强对各种有毒物质的吸收比成年人要容易，所以中毒更深。青少年吸烟还很有可能导致早衰、早亡以及影响下一代的发育的严重后果。少女吸烟也会引起月经紊乱和痛经。

第二，青少年如果长期吸烟会导致注意力和稳定性有一定程度的下降，而且还会降低智力水平、学习效率和工作效率。青少年吸烟成瘾，还可能引起思维过程的严重退化和智力功能的损伤，严重甚至会导致思维中断和记忆障碍。并且，吸烟对心理功能有害无益。总之吸烟对青少年的智力、个性、心理品质、学业等都存在危害。

第三，青少年吸烟还会造成负面的社会影响，比如助长追求享乐的生活态度，增加父母的经济负担，还会促成不良的交往从而诱发不良行为，甚至逐步引发犯罪。有一些青少年为了弄到买烟的钱，甚至不惜偷窃、敲诈勒索、抢劫等。

吸烟也会给社会带来严重危害，它现在已经成为引起火灾事故、危害公共安全的重要原因之一。吸烟害人害己，青少年应该养成不吸烟的良好卫生习惯。

饮酒对身体有哪些危害?

我们都知道喝酒对健康有很大危害，长期大量地喝酒能够引起血压升高、消化不良、胃肠道慢性炎症、酒精性心肌病，甚至会导致消化系统癌症。而且饮酒对正常的生理功能和发育也会带来严重影响。通过科学家实验证明，酒精能使生殖器官的正常机能衰退，而且如果经常饮酒，会使发育期的青少年性成熟的年龄推迟 2 至 3 年。

青少年正处于生长发育时期，各个组织器官的发育尚未完善成熟。青少年的食道黏膜细嫩，且管壁浅薄，经不起酒精的过度刺激，饮酒会引发炎症或使黏膜细胞发生突变。同样青少年的胃黏膜也比较嫩，而酒精的刺激则可以影响胃酸及胃酶的分泌，从而使胃壁血管充血而导致胃炎或胃溃疡的产生。当酒精进入人体后要靠肝脏来解毒，但是此时青少年的肝脏分化尚不完全，肝组织较脆弱，所以饮酒会给幼嫩肝脏带来难以胜任的负担，这样就会破坏肝的功能，也有可能导致脂肪性肝硬化，严重的甚至引起肝脾肿大。

特别需要注意的还有青少年的神经系统发育尚不健全，酒精对中枢神经系统有麻痹作用，降低大脑皮层的思维能力和动作协调能力。因此饮酒会损害神经系统，引发大脑功能失调造成其头晕、头痛，精神衰弱、注意力涣散、情绪不稳、记忆力减退等症状，而这些对正在学习知识的青少年来说是非常不利的。

除上面所说之外，青少年喝得大醉，自制力会减弱，容易借酒闹事撒酒疯，打架斗殴，酒后闹事，扰乱社会秩序，甚至发生意外，造成恶劣影响。由此可见，在青春发育期喝酒不利于健康发展，所以应要和酒说再见，拥抱健康。

青少年为什么易患神经衰弱？

神经衰弱是大脑由于长期过度紧张而造成大脑的兴奋与抑制机能失调，是一种功能障碍性病症。通常同时表现在精神和躯体两个方面，以易于兴奋又易于疲劳为特征，而且常伴有紧张、烦恼、易激惹等情绪症状以及肌肉紧张性疼痛、失眠等生理功能紊乱症状。近年来，青少年神经衰弱呈逐年增多的趋势。

相关专家指出，神经衰弱是由于精神负担过重，从而大脑长期过度紧张造成大脑的兴奋与抑制机能失调。而青少年神经衰弱，主要原因是学习压力、课业负担、生活挫折、人际矛盾等等，以及由这些引起的长期的、难以缓解的心理冲突，最终导致神经衰弱。

如果青少年在过重的学习或工作负担下，连续长时间加班加点，牺牲休息时间，从而造成持续的精神过度紧张和疲劳；有些青少年极为好强，给自己规定负担和难度都超过了自己的能力的不切实际的目标和任务，所以常难以完成，由此加大思想负担；还有些青少年不会合理安排时间，也不懂得劳逸结合的重要性，从而加快疲劳产生；还有的青少年时间安排无计划，生活、学习杂乱无章，一会儿想起这件事，一会儿又匆忙开始另一件事，效率低，短时内紧张刺激过大，这样很快造成用脑过度等等，这些都是造成青少年神经衰弱的重要原因。

另外专家指出，神经衰弱的青少年患者通常在性格和情绪发展方面也存在一定的弱点，比如他们一般会比较主观、任性、急躁、过于要强；其中还有的人比较自卑、多疑和懦弱、内向。由此可见，青少年神经衰弱主要是由于心理压力和自身性格弱点所导致的。所以，要防止和减轻神经衰弱对于青少年的危害，就要做好必要的心理调理，并且在其患病之后，及时进行心理咨询，配合心理医生进行心理治疗，减轻心理负担。

神经衰弱的青少年患者怎样才能调整、休息好呢？首先要在心理上得到休息，也就是精神放松，学会有节奏地学习，什么事情要拿得起，又要放得下。还有，就是要调整好脑力与体力的关系。当用脑时脑细胞处于紧张状态，而四肢运动的肌肉或细胞则在休息；而当运动时，肌肉或细胞就处于紧张状态，而脑细胞则在休息，这样劳逸结合。因此青少年要适当注意体育锻炼，因为在体育活动时，脑细胞得到了休息与调整，这也是恢复神经功能的好方法。由于神经衰弱不是脏器缺损，因此不必非要用补药，如果一定要补，那么药补不如食补，注意饮食营养就是了。

每个人都适合配戴隐形眼镜吗?

隐形眼镜,顾名思义,妙在“隐形”。隐形眼镜既有普通眼镜矫正视力的功能,同时又解决了框架眼镜带来的不便,所以戴隐形眼镜已成为当今青少年的时尚。然而青少年需要注意,隐形眼镜并非人人适用,哪些人不适合戴隐形眼镜呢?

其一,中小学生。由于他们生正处在生长发育旺盛时期,眼球视轴尚未定形,所以若过早配戴隐形眼镜或者较长时间连续佩戴,则易产生角膜缺氧和生理代谢障碍等副作用。此外,如果镜片清洗消毒不严格,还会继发感染;若镜片曲径与角膜不相适应,还会造成角膜磨损、上皮脱落等,严重者甚至会导致角膜溃疡或穿孔。所以建议中小学生若没有特别必要,还是以戴框架眼镜为宜。

其二,感冒患者。因为感冒患者手上往往带有大量病菌,而且这些病菌很容易在取、戴隐形眼镜过程中进入眼中。除此之外,感冒患者常伴有轻微的视网膜炎症,如果戴隐形眼镜则会使炎症加重。而且许多感冒、止咳和止痛药物中都含有抑制眼泪的成分,而泪液分泌量减少会使隐形眼镜过于干燥、透明度降低,进而影响视力,所以药物的使用会使隐形眼镜佩戴效果不佳,还会造成眼球干燥。

其三,过敏患者。有过敏症的人配戴隐形眼镜容易引起一系列并发症,比如轻微炎症、眼睛瘙痒、红肿、结膜炎和眼睛肿胀等。而且如这些病症长期不治疗,还将可能危及到视力。即便过敏症者如必须配戴隐形眼镜,建议最好只在白天使用并且每周至少有一天暂停使用。佩戴隐形眼镜过程中如果出现炎症，最好停止使用。如果2到3天后炎症仍未减轻，就应立即到医院就诊。

其四，青光眼、慢性泪囊炎、结膜炎、角膜溃疡、甲亢等疾病患者。如若已配有隐形眼镜，而眼睛正处在炎症期，就要待炎症消失后再戴。

其五，发烧患者。当发热时眼睛局部抵抗力下降，这时泪液分泌减少，枯草杆菌就会大量繁殖，从而使细菌的代谢产物沉积在角膜与镜片之间，造成隐形眼镜透氧性降低，角膜正常的代谢受到干扰，从而引起细菌性角膜溃疡。

还有一些情况，佩戴隐形眼镜的青少年需注意，骑车长途旅游长距离骑车时，如果空气的对流加速，会使软性隐形眼镜的水分减少，镜片逐渐干燥变硬，这样眼睛会感到不适，时间一长变硬的镜片就会损伤角膜，这样极易引起眼睛疼痛或细菌感染。

综上所述，选择一副好的隐形眼镜需经缜密检查，合理验配，另外也要做出医学判断。所以只有经过医师的检查治疗后，才能决定是否适合配戴隐形眼镜。因此提醒到正规医院进行眼睛检查。

如何预防风湿病?

风湿病是困扰人类的一大疾病，泛指主要侵犯关节、肌肉、骨骼及关节周围的软组织，如肌腱、韧带、滑囊、筋膜等部位的疾病。常在冬春两季发病，寒冷和潮湿地区尤为容易得病，北方比南方发病率高。发病年龄3岁以下少见，多在5到15岁之间，所以处在该阶段的青少年要尤为注意。

想要预防风湿病，首先应当弄清风湿病的病因。风湿病的确切病因尚未搞清，但多年来的研究可以肯定风湿病与溶血性链球菌的感染有密切关系。据了解，许多孩子得风湿病前都曾经有过急性链球菌感染的历史，比如如急性扁桃体炎、咽炎、猩红热、丹毒等。

因此，风湿病的诱发常与咽炎、扁桃体炎、猩红热等病有关，其主要危害是损害心脏和关节，其次则是皮肤、血管和脑组织，造成心肌炎、关节炎等。这是因为风湿病除了容易引起心脏病之外，它的“抗原——抗体复合物”还可以停留在任何器官上，并且使其发病。风湿病经常发生的地方除心脏外，其它还有关节、皮肤、肌肉和脑子的血管。风湿侵犯关节时被称为风湿性关节炎。风湿侵犯皮肤时通常出现两种症状：一种叫“环形红斑”，多见于胸部和四肢，可一日数变，时隐时现；另一种叫“皮下结节”，多在肘、腕、膝和踝关节伸侧面的皮肤下，为豌豆大小的硬疙瘩，和皮肤不粘在一起，略能滑动，压之不痛。风湿侵犯脑子血管时表现为“舞蹈病”。综上所述，风湿病有五大主症：心脏病、关节炎、环形红斑、皮下结节和“舞蹈病”，而且其中的心脏病发病最厉害，后果也最严重。

预防风湿病的措施很多，首先应全面增强体质，加强锻炼，尤其是耐寒防病锻炼，但也不要过于疲劳；另外居住环境不能太潮湿，尽量避免在潮湿环境下长时间学习和工作；还要多参加户外活动，呼吸含氧量大的新鲜空气，以预防上呼吸道感染；还有就是饮食上注意不要吃太油腻的东西。值得注意的是一旦发生链球菌感染要及时彻底治疗。我们常见的链球菌感染多为上呼吸道感染，常见的如咽炎、扁桃体炎、淋巴结炎、中耳炎、鼻窦炎，也有皮肤感染，比如丹毒、脓痂疹,全身感染,如猩红热等。只要遇有上述感染要及时采用青霉素治疗,对此类病应严密监视追踪,反复迁延的链球菌感染的病人可用长效青霉素治疗。慢性扁桃腺炎,反复发作的急性化脓性扁桃腺炎,则可用手术摘除,以绝后患。应该注意一点,如已患风湿,就应在风湿活动静止时进行手术,手术前后应用青霉素治疗。

如何预防颈椎病?

颈椎病是一种综合症,又称颈椎综合症。颈椎病是一种以退行病理改变为基础的病患。一般来说,长期低头伏案工作、学习的人容易得颈椎病。因为低头伏案使颈椎长时间处于屈曲位或某些特定体位,这样不仅使颈椎间盘内的压力增高,而且也造成颈部肌肉长期处于非协调的受力状态,这样颈后部肌肉和韧带易受牵拉劳损,椎体前缘相互磨损、更进一步导致损伤,非常易于发生颈椎病。颈椎病随着年龄的递增而成倍增加,轻度患者病痛,重者可致残。因此预防颈椎病越早越好,青少年时期要尤为注意。

预防颈椎病其实主要是减缓颈椎间盘退变的进程。而不良睡眠体位,不当的工作姿势,不适当的体育锻炼方式等都是导致颈椎骨关节退变的常见原因。颈椎病发病的潜在因素是发育性颈椎管狭窄和颈椎先天性畸形等。因此,我们预防颈椎病可以从以下几方面着手。

第一,改善与调正睡眠状态。我们每天有大约有三分之一的时间在床上度过,睡眠姿势不当会加剧颈椎盘内压力,从而使颈椎周围韧带、肌肉疲劳,诱发颈椎病。所以为使颈椎在睡眠中保持正常

生理曲线,有以下几点建议:

1. 枕头的高度应适中。选择枕头的形状以中间低、两端高的元宝形为佳,这种形状对颈部可起到相对的制动作用。

2. 睡眠体位应注意使胸部、腰部保持自然曲度,双髋、双膝呈屈曲状,这样的体位全身肌肉可以得到放松。

3. 床铺在选择时,要注意保持脊柱平衡的床铺,以木板为底的席梦思床为佳。

第二，纠正和改变工作中的不良体位。通过上文所说已了解到,颈椎退变与颈椎长时间处于屈曲或某种特定体位有密切关系。而不良体位则会导致椎间盘内压增高从而引起一系列症状。因此对长时间持续伏案工作、学习的青少年朋友建议:

1. 定期改变头颈部体位，读书写字超过 30 分钟后应活动颈部,并抬头远视半分钟,这样既有利于缓解颈肌紧张,又可消除眼睛疲劳。

2. 调整桌面高度与倾斜度。制作一与桌面呈 10°到 30°的斜面工作板,这样伏案工作时能减少颈椎前屈和颈椎间隙内压力。

第三,自我牵引疗法。每当颈部感到酸痛或肩背、上肢有放射痛时,可自我牵引颈部改善其症状,具体方法为:双手十指交叉合拢置于枕颈部,然后将头后仰,双手逐渐用力向头顶方向持续牵引 10 秒钟左右,重复 3 到 5 次。

如何有效预防沙眼?

沙眼是由沙眼衣原体引起的一种慢性传染性眼病。沙眼的早期症状并不明显，故不容易引起注意。较严重的沙眼，会引起各种合并症和后遗症，如果不积极治疗，任其发展，会严重影响视力，甚至失明。

当患上沙眼病时，会经常感到眼内干痒、流泪、有异物感、摩擦感等症状，如果对镜自照就可看到上眼睑及上穹窿部眼结膜充血发红、血管模糊等。

由于引起沙眼的病原体是介乎于细菌和病毒之间的沙眼衣原体，而且常附在病人眼里的分泌物中。治疗时可选用一些中西药物制成的眼药水来滴入眼中，常用的有磺胺类抗生素眼药水，以及中药黄连等制成的眼药水。一般每日 2 到 3 次，坚持 1 个月即可见效。

沙眼主要为接触性传染，因为沙眼衣原体常附在病人眼的分泌物中，任何与此分泌物接触的情况，都会造成沙眼传播感染的机会，如接触患者的手及其使用过的毛巾、手帕、脸盆、水、公共物品等。所以预防沙眼应该从注意个人卫生和公共卫生做起，要点在于避免接触传染。养成良好眼部卫生习惯，不用脏手或脏手帕揉眼，更不用公共毛巾和脸盆，提倡用流动水洗手，平时还要注意桌面等环境清洁卫生，切忌与沙眼患者握手、打闹等近距离密切接触。

穿衣护肤篇

冬季穿衣是越厚越好吗？

每到冬季，为了保暖防寒，不少人穿得里三层外三层，冷空气过境时甚至裹得密不透风，以为穿得越多越暖和。其实，这是一个误区。

重量不如重质。因为衣服本身并不产热，衣服的保暖程度和衣服内空气层的厚度有关系。一件件衣服穿在身上以后，衣服内空气层的厚度就会增加，相应地人就会觉得暖和。不过，如果这种空气层的总厚度超过了 1.5 厘米，衣服内空气对流就会加大，这个时候硫磺衣服的保暖性反而不好了。此外，如果冬季穿衣件数过多、过重，身体内的血管会随之扩张，导致散热面增大，反而降低了机体对外界温度的适应，从而感觉更冷，也不利于保暖。

由此可见，衣服不能穿得太多、太厚，里面穿一件稍宽松的柔软毛衫或保暖内衣，外面套一件轻而保暖的羽绒服或者能抵挡寒风的皮衣就可以了。这种穿衣法既能够持久保持身体的温度，又能不受到外部冷风的侵袭。

保暖内衣可以贴身穿吗？

保暖内衣由于轻盈、保暖的性能被越来越多的人接受。不过随之而来也会有人发问，保暖内衣能不能贴身穿。

保暖内衣虽然相对保暖，但建议不要贴身穿着，如果长期穿着有可能引发瘙痒，心血管功能不全者，甚至还有可能引发心律不齐或心绞痛。

市场上出售的保暖内衣大多是采用多复合夹层材料制作而

成的，而这种材料是在两层普通棉织物的中间夹有一层蓬松的化学纤维或者超薄薄膜，这种材料能进一步阻止人体皮肤与外界进行气体和热量进行的交换。作为常识，我们都知道穿着含化纤成分的衣物很容易产生静电，并且这些静电在人体周围可以产生大量的阳离子，这些阳离子会使皮肤的水分减少，从而使皮屑增多，这样就会有瘙痒的感觉。所以如果贴身穿保暖内衣，就会进一步加剧皮肤瘙痒的程度。

除此之外，长期穿着含有化学纤维或超薄薄膜保暖内衣，还会抑制骨髓造血机能，造成机体免疫力下降，继而容易引发各种感染性疾病。如脑卒中（脑中风）、心梗等严重疾病。

冬季戴帽子有什么好处？

时到冬季，寒气逼人，为了保暖防寒，人们都穿上厚厚的冬衣。但是很多年轻人没有戴帽子的习惯，以为只有体质较弱的老年人才需要。其实不然，冬季戴帽子是有很多好处的。

众所周知，和帽子接触最为亲密的是头发，所以，不妨了解冬季戴帽子对头发的好处以及应该注意的问题。

戴帽子对头发的益处主要有以下几点：

1. 为头发保暖防寒

头被称之为“诸阳之汇”。有医学研究发现，静止状态不戴帽子的人，当环境气温为15℃时，从头部散失的热量占人体总热量的30%，而气温在4℃时散失总热量的则达到60%。头部受寒，就会造成脑血管收缩，这样轻则会导致头昏、头痛，还有可能引起头皮营养循环障碍和毛囊代谢功能紊乱，以至导致头发的营养失衡从而造成大量的头发非自然脱落。如果情况严重，还极有可能诱发一些疾病。由此可见,在寒冷的冬天,头部和人体的其他部位一样需要保暖防寒。

2. 为头发防尘防污染

冬天风沙大、尘土多、尤其是在当今污染越来越严重的时代,头发极易被吹得杂乱无形。与此同时,沾在头顶发丝里的微生物和灰尘就像砂纸上的沙砾一样,不仅在你的头皮上肆虐,而且在你日常梳头和行动时,还增加梳子和发丝之间的摩擦力。而那些肉眼不会看到的微生物很有可能导致你的头皮滋生细菌感染,从而直接影响头发的生存环境和质量,而摩擦力还会造成头发表面的毛小皮翘起,如此一来头发表面就会变得毛糙。严重时还会出现头发开叉、折断。如果在这个时候,戴一顶舒适的帽子,就无异于给头发穿了一件具有保护功能的外衣,从而有效地阻挡了灰尘和微生物的侵袭。

3. 为头发防晒防辐射

很多爱美的人士都会在夏天采取全副武装的防晒措施,比如撑一把色彩斑斓的遮阳伞,既可以防晒又显得风情万种,而到了冬天却往往忽略了阳光的辐射威力。然而事实上,冬季空气干燥澄澈,阳光中紫外线的透过度并不低,因而千万不能对冬天的太阳掉以轻心。冬季仍应防止过度日晒。所以,为了避免紫外线的伤害,选一顶款式和颜色与服装相匹配的帽子,不外乎是一个既时尚又实用的明智之举。

4. 约束头发的同时为头发减负

除了以上三条,帽子之所以如此受欢迎还有更重要的一个原因,那就是简化了打理发型的复杂繁琐。以往需要依次“上阵”的造型美发用品大可省去不用,一顶合适的帽子就可以把不听话的发丝老老实实的约束在头顶和两鬓，何乐而不为呢？

越是天热越要少穿衣服吗？

通常来说，衣服覆盖的面积越小，身体散发的热量也越快，因而会愈觉得凉爽。所以酷暑来临，很多人选择穿越来越少的衣服。事实上不能一概而论，以为“盛夏酷暑时打赤膊最凉快”是一个误区。相关研究表明，赤膊只有在皮肤温度高于环境温度的情况下，才会增加皮肤的辐射、传导散热，而一般盛夏酷暑之日，最高气温一般都接近或超过37℃，在这个情况下，皮肤温度低于环境温度，所以皮肤不但不能散热，还会从外界环境中吸收热量，所以打赤膊会感觉更热。从这个意义我们建议，越是暑热难熬之时，男生最好不要打赤膊，女生也不要穿过短的裙子。

青春期少女可以束胸吗？

青春期来临，在体内激素的刺激作用下，乳房开始发育，由平坦逐渐变得隆起，体型由此逐渐显现为女性特征，这是第二性征的发育表现，是自然的生理现象。但有一部分女孩却因此而感到难为情，常用紧身衣、胸罩、腹带等束紧胸部、腰部，以试图遮盖日益丰满的乳房及渐粗的腰部，殊不知这样做是有害无利的，反而会影响青春期的正常发育。

首先，束胸影响正常呼吸，青春期的呼吸功能逐步增强，肺活量也随之迅速增大，肺的重量增加约为出生时的9倍。而随着骨骼的发育，胸部轮廓也不断增大。如果此时束胸，就必然会影响胸部轮廓的增大与扩张，因此会阻碍肺的发育，以至减少肺活量，从而影响呼吸功能。其次，长期束胸，会影响胸廓发育，容易引起胸廓变形、胸围缩小等。我们都知道，胸廓内和腹部有许多重要脏器，比如肠、胃、子宫、卵巢等，这些重要器官在青春期会逐步发育完善。而束腰会影响身体的自由活动，使全身血液和氧气供应不足，当腹部的血液供应受到限制就是使腹腔器官供氧不足，从而进一步影响其生长发育及生理功能。除此之外，束腰还影响机体下肢血液循环，很容易出现下肢水肿。再次，束胸会对乳房及乳头的发育不利。我们都知道乳房是授乳器官，如果处于发育过程中的乳房长期受到外界机械的压迫，会使乳房中的纤维束和乳腺导管受压，这样不仅会影响乳房本身的发育，从而影响产后乳汁的分泌和排出，而且束胸还会把原来向外突出的乳头挤压得向里凹陷，使得乳头凹陷变形。而乳头凹陷变形至少有两个坏处：容易导致细菌感染，从而患上乳腺炎等病症；影响今后的哺乳，给将来哺乳孩子造成困难。

综上所述，青春期的少女不仅不能束胸，还要加强胸部肌肉的锻炼，使之高耸，此外还要进行腹部锻炼，例如仰卧起坐、收缩腹肌等，这样可使腹部变小，增加美感。

青春期少女可以束腰吗？

许多少女存在这样的审美观，以为腰越细越好，从而都想拥有纤纤细腰。为了看起来苗条，不适当地束腰，比如用一条宽腰带把腰勒得非常紧。束腰会使腰部脂肪向其它部位转移，反而使腰部看起来扭曲和不自然，失去整体美感。而实际上，束腰不仅影响美感，还存在许多危害，主要归纳起来有以下 7 种。

1. 阻碍血液循环。紧紧束缚的腰带会压迫腹主动脉及下腔静脉，这样把人体的血液循环系统拦腰阻隔分为为上下两部分，从而导致心脏在收缩时前后负荷增加，当静脉血回流受阻时，会影响脑、心、肺、肝、肾等这些重要器官长期的供血不足，进而影响生长发育，导致记忆力低下，学习成绩差；到了中年以后，还容易发生高血压、冠心病、心力衰竭及老年性痴呆等病症。

2. 影响腹式呼吸。女性腹式呼吸是主要的呼吸形式，而束腰恰恰限制了腹部的起伏，这样腹式呼吸受到束缚，肺的通气量不足，血中氧气的浓度就会下降，从而导致全身各脏器和组织长期供氧不足，使人感到胸闷气短。尤其是脑供氧不足，其大脑工作效率必然降低，进而影响生长发育和大脑功能，使思维、反应、记忆等能力随之下降。

3. 造成腰椎、腰肌受损伤、畸形，甚至发生退行性病变。长期束腰，腰带挤压和摩擦第三到第五腰椎，造成局部长期缺血缺氧，这样容易发生损伤、错位、骨质增生等，腰痛及下肢疼痛、麻木、浮肿也会随之而来。如果压迫的是坐骨神经，那么则会引起坐骨神经痛。

4. 束缚了胃肠道的蠕动。长期束腰，胃内压增加，影响肠道正常蠕动，引起腹部的供血障碍，造成肠黏膜长期处于充血状态，从而对食物的消化、吸收能力减弱，这样易发生营养不良性贫血，俗称“萎黄病”。并且易引起胃肠道病患，比如腹胀、消化不良、食欲下降以及慢性胃炎、胃及十二指肠溃疡、便秘及肠梗阻等。

5. 损害肾功能。束腰会对盆腔内器官造成压迫，当两侧肾脏受压后，肾内血液就会形成障碍，易诱发肾萎缩、游走肾等疾患。肾脏因供血不足，会影响其功能，如果血液中尿素氨、肌酐等有毒的代谢产物难以及时排出，就会发生尿毒症。

6. 引起张力性尿失禁和尿道感染。长期束腰，膀胱受挤压后就会与尿道的倾斜度增大、变直，这样容易造成尿液失控，发生自发性尿液溢出。并且如果膀胱与尿道位置变直，细菌则会沿尿道而上，引起膀胱炎、尿道炎等疾病。

7. 遗留不孕及子宫脱垂的隐患。青春期少女如果长期束腰后，子宫会因供血不足而发育迟缓，甚至停止发育，从而成为所谓的“幼稚型子宫”。另外，因腰腹受压，盆腔淤血容易形成“盆腔淤血综合征”，进而导致生殖系统感染和盆腔炎。如果少妇在产褥期束腰，甚至会留下子宫脱垂的后遗症，下垂的子宫血液循环更差，当摩擦受损伤后常发生糜烂。

所以处在青春期的少女，束腰不但不能显现真正的健康之美，还会引发各种疾病，得不偿失。

真丝服装有益于人体吗？

丝绸被冠以“纤维皇后”之称，它具有诸多其它纺织纤维无法比拟的优势，现代人们又赋予其“健康纤维”、“保健纤维”之称。

蚕丝是由丝素和丝胶组成，其纤维的特点是孔隙多，这样水分子容易进入，这就使得真丝服装具有很好的吸湿性和透气性，从而调节体温、调节水分。所以，即便空气湿度高或者身上有汗水时，湿气也会透过真丝纤维向外挥发，从而保持对皮肤体温的调节，进而有利于人体新陈代谢的进行。曾有研究表明，穿真丝三角裤的男子股间湿度为72%，而穿棉制或合成纤维的湿度则达到90%以上；股间体温也比人体其他部分低，从而有利于男子内分泌。

丝素和丝胶都是蛋白质，其中含有人体所必需的18种氨基酸，与人体皮肤含的氨基酸相差无几。所以又有人类的“第二皮肤”的美称。其中的亮氨酸可以加速细胞的新陈代谢，促进伤口愈合；而丝氨酸、苏氨酸则可以防止皮肤老化；乙氨酸可止防日光辐射和白血球下降。穿真丝衣服的同时对某些皮肤病也有良好的辅助治疗作用。曾有医学者按照人体各部位的不同需要，用真丝制成各种织物，并选择了30个皮肤瘙痒患者进行治疗。并且结果表明，如果单纯使用真丝织物可以受到较好的疗效，而且无需配合使用其他药物。所以长期卧床不起的病人得了褥疮之后，如果采用真丝垫单和真丝内衣，接着再用真丝包扎患部就能起到吸收水分和促进其蒸发的作用，从而可以保持患部清洁，加快疮口愈合。

真丝服装还可以保护人的皮肤免受紫外线的伤害。蚕丝在紫外线的照射下会逐渐变黄，这是蚕丝吸收了阳光中的紫外线的缘故。作为常识，大家都知道，过多的紫外线照射对人的肌肤是极为有害的，因此利用真丝纤维吸收紫外线的特点可以帮助人们避免受到紫外线的伤害。

不容否认，真丝本身也存在一些缺点，如抗皱性差、不易打理、容易泛黄变色等问题。但是，它们能适应人体组织多种功能的需要，而且穿着真丝服装既舒适有可到达到保健作用，所以一年四季常穿真丝服装是非常有利于人体健康的。

新衣服对皮肤有哪些刺激？

有很多人，买了新衣服以后就马上穿起来。其实这样是不明智的。

我们都知道从原材料到制成成衣，衣料在制作过程中，经过了很多程序。为了达到结实、美观的效果，制作过程中常常使用多种多样的化学添加剂。举相关例子，为了防止衣服缩水，往往采用含有甲醛的树脂处理；为了增加视觉上的洁白度，白色衣服通常会采取荧光增白剂处理；为了增加衣服柔软和平滑的触感，常采用离子树脂处理；为了使衣服穿上看起来笔挺、精神，大多会采用上浆处理。并且纺织品在染色之后，也会多少残留一些游离的染料。除此之外，布料在储存中，为了防止其虫蛀霉变，还要使用防虫剂、消毒剂等。而所有这些化学物质，均对人的皮肤有不同程度的刺激作用。

所以，当你购买了新衣服，不要急着马上穿，先用清水漂洗后再穿，这样既可以消除衣服上残留的化学物质，还可以穿起来感到柔软舒适，同时更符合卫生要求。

常穿紧身裤有哪些危害？

紧身裤能够衬托出人体曲线，尤其是能够显露身体下肢的自然美，让自己的腰臀显得更加的完美，使双腿看起来修长，所以深得青年男女的喜爱。我们穿衣着裤不仅要讲究美观，更要注重卫生。从生理卫生的角度上来说，长期穿这些紧身裤是大大有碍身体健康的。

紧身裤对女性的健康危害最大。女青年穿紧身裤下身空气得不到很好的流通，在这种情况下不利于汗液和会阴部湿气蒸发，细菌繁殖得很快，容易引起细菌感染。由于女性阴道黏膜经常分泌一种酸性液体，而且这种酸性分泌物具有防御细菌入侵的能力，所以女性私密处总是湿润的。所以当内外衣裤宽松时，由于空气流通，湿气便容易散发出去。而紧身裤紧贴在皮肤上，既影响正常的湿气散发，如果捂得久了还会增加出汗，进而冲淡阴道分泌物的酸度，导致防菌能力降低。除此之外，在过分潮湿的环境中，外生殖器和会阴部的皮肤经不得长期摩擦，稍有摩擦就会引起疼痛甚至破损。而过分湿润的环境又为细菌繁殖提供了条件，于是细菌就会很容易乘虚而入引起会阴部皮肤感染和阴道炎、尿道感染等泌尿系统感染。

男性穿紧身裤明显的危害是有碍于睾丸产生正常精子。睾丸产生精子是需要特定的温度，而这一温度比正常体温略低。阴囊通过自身的"热胀冷缩"功能使睾丸和身体总是保持一定的距离。换言之，睾丸产生精子所需要的合适温度，是通过调节这一距离来完成的。当穿紧身裤后，睾丸紧靠身体，因而无法根据外界气温变化调整和身体之间的距离，从而使睾丸温度得不到调节。于是就有可能导致产生异常的精子，如果严重，甚至还有可能不产生精子。紧身裤穿得过久不仅影响睾丸的生理机能，而且还是引起遗精、手淫的原因之一。如果长时间穿紧身裤，由于会阴部出汗不容易散发，这就为细菌、真菌的生长提供有利了条件。所以有些男青年易患股癣、会阴部皮肤疖肿、阴囊湿疹，则很有可能和长期穿紧身裤有关。

常穿羊毛织品可导致皮炎吗？

羊毛被誉为"会呼吸的动物纤维"，是一种天然的保暖资源。羊毛有很多优点，利用价值很高。羊毛中的机角质和蛋白纤维，具有不助燃的特性，所以防火性高，这样与其他材料相比更具安全优势。除此之外，羊毛保暖性极佳，而且可以吸渍排气，其柔软的质感，有安神的功效，故而能提升睡眠品质，若给宝宝使用，可让宝宝安然入睡，且即使流汗量较大人更多，也可避免湿疹等问题的产生。因此，羊毛纺织品被很多人喜爱、使用。

但是穿着羊毛织品需要注意一些方面，否则会引起一些皮肤性病症。

1. 由羊毛织品引起的皮炎有急性和积累性刺激性皮炎，其临床表现多种多样。有形似疥疮的痒疹、红斑、湿疹、篷痒症、脓疮性痤疮等。

2. 瘀点和紫癜性皮疹是穿着粗糙的羊毛质地毛衣而直接刺激皮肤所导致的。具体原因尚不了解。

3. 过敏性接触性皮炎主要是在羊毛加工过程中接触染料及加工品所致。此外，羊毛引起的接触性荨麻疹也有发生。

4. 异位性皮炎是由穿毛衣引起的湿疹。据调查，有 2/3 左右的异位性皮炎的患儿，主要的过敏源是羊毛，而且至少其中有 90%对羊毛蛋白的皮试为阳性，多为吸入或直接接触羊毛而加重皮炎。

所以，患有皮炎等其他皮肤病症的最好不要穿着羊毛织品。当穿着羊毛织品而感到异样不适时，就要想到这可能是羊毛织品在作怪。采取预防的措施很简单，就是在最内层穿上较厚的棉纱衣裤，尽量避免羊毛与皮肤的直接接触。

经常穿牛仔裤有哪些危害？

牛仔裤设计别出心裁，制造工艺独特，青年男女穿上，可体现出体形美，故深受当代青年的青睐。早在 1958 年，就有美国报纸称："90%的美国青年在哪儿都穿牛仔裤——除了床上和教堂里"。如今，牛仔裤更成为风靡全球的经典衣着。

据不完全统计，全球近90%的人至少有1条牛仔裤。美国人均拥有8条牛仔裤，其中年轻人高达11条。年龄在16~24岁之间的年轻人平均每周穿牛仔裤的次数超过4次。而据2007年11月13日在上海举办的"2007全球牛仔峰会"公布，中国人均有4条牛仔裤。中国瑞丽女性网也曾对3700名女性进行调查，调查显示，45%左右的人竟然拥有10条牛仔裤。

如今恰恰就是这一备受青睐的牛仔裤，却在健康上遭到质疑。越来越多的人披露，牛仔裤存在着不利于人体健康的一面，甚至是危害健康。

如今有很多专为女性制作的紧身牛仔裤，以便能更好地勾勒出女性身材的曲线体形美。而这些紧身牛仔裤还常常与一些妇科病有关。相关专家指出，由于牛仔裤面料不透气，因此极有可能使女性内分泌物不易排出，从而导致外阴炎和阴道炎等妇科性疾病。另外，盛夏时，如果牛仔裤的金属纽扣长时间和腹部皮肤进行接触，则会很容易诱发接触性皮炎。

即便对男性来说，牛仔裤也是"罪大恶极"。美国某知名泌尿系专家研究认为，男性常穿过紧的牛仔裤有可能导致精子数量下降。因为长期穿紧身牛仔裤可能导致阴囊湿疹等病症。这是由于睾丸生精的最佳温度是特定的，35.5~36℃。而常时间穿紧身牛仔裤将阴囊和睾丸紧紧地束缚了，空间减少，则使局部散热减少，从而睾丸温度升高，有碍精子生成。

所以牛仔裤不宜久穿。当然，只要挑对了合适的牛仔裤，并在生活中稍加注意，就不会轻易患上以上可怕的疾病。选择牛仔裤时首先要考虑的是版型。选择适合自己的版型，试穿后，感觉全身上下没有哪个地方会不舒服，而且很贴身。其次，就是面料。选择牛仔裤时注意布料弹性、透气性能要好，建议不妨选择加莱卡的，此面料既贴合身材，质感也比较舒适。再次，选择自己的型号。最后，记得不要常穿，应多备些宽松的普通棉质裤子替换着穿。

最近法国研究指出，通常每条牛仔裤平均由600克牛仔布制造、38克聚酯缝制、备有6粒铜钉以及1粒纽扣。而这些牛仔裤倘若每天用洗衣机清洗、烘干和熨烫消耗的能源，相当于每年浪费能源 8.64×10^8 焦耳，也就是等于1小时内亮起4000枚60瓦的灯泡。从环保角度出发，由此建议，所以最好的办法是买一条棉质牛仔裤，而且每星期穿2天、每5天洗一次，并且采取自然风干的方法。

尼龙衣裤可以贴身穿吗？

尼龙又称锦纶、耐纶、卡普隆，是化学纤维的一种。其面料特点是弹性好，强度高，耐磨性高，耐光性较差，在阳光下晒容易泛黄。尼龙常用于袜子、手套及针织运动衣等。

由上得知，尼龙是化学纤维，所以尼龙材质制成的衣裤一般都容易带静电。很多人有过这些经验，脱腈纶材质的内衣时，常伴有"噼里啪啦"的声响，而且在黑夜或暗处会看到火花似的闪光；穿针织涤纶材质的外衣时，就会容易吸附灰尘等；而脱尼龙衫时，尼龙衫会有自行飘逸的特殊现象，这便是尼龙衣物带静电的表现。

尼龙、涤纶、腈纶三种都是化学纤维，都是电解质，吸湿性差，因此会在摩擦作用下产生静电。实验证明，不同类型的化学纤维所带的静电荷也不同，尼龙所带的是正电荷，涤纶、腈纶所带的是负电荷。负电荷有激发人体生物电流的性能，从而促进血液循环，以此起到消炎解痛的作用；而正电荷却常常会使人过敏。尼龙衣裤所带的就是正电荷，所以如果作为贴身内衣穿，则会刺激皮肤，会使人觉得周身发痒、不适，甚至有的人会引起皮炎，出现丘疹、水疱或疖肿；还有的人血液中的酸碱值会因此而发生变化，从而导致体内钙质减少，而相应的尿中钙质增加，从而造成破坏体内电解质的平衡。

如果女性经常贴身穿尼龙衣裤，那么在正电场的作用下，就容易引起尿道综合征，比如出现尿急、尿频、尿痛等尿道刺激症状，而常常会被误诊为细菌性尿路感染。

怎样着装才会协调

在衣着上富于变化，能够给人以新鲜感的美感。在适当的时候变换一下着装，能够使人的精神面貌焕然一新，可是，穿着变换，尤其是面对色彩不同、款式各异的服装，怎样才能达到既多姿多彩、趣味无穷又非常协调的搭配呢？很多女生为此常常会在试衣镜前皱起眉头，不知道如何着装才是最协调，怎样穿才能显现出自己最美的一面。

着装协调，它是服装搭配的几个重要原则之一。着装协调时才会形成服饰搭配中的“协调美”。何为协调，又怎样才能做到和欣赏服饰搭配中的“协调美”呢？

协调，是一个寓意深刻，而且涵义又非常丰富的词，在服装搭配中，我们把它引申为“得当，应该如此，合时宜，和外界环境统一”等类似效果的综合。

服饰搭配中的协调美常体现在以下几个方面：

1. 服饰搭配着装和外界温度的相适宜性。

比如冬天穿棉衣，夏天穿裙子体现的就是着装在温度方面的适宜。那些“只要风度、不要温度”与时节及其突兀的穿着是不可取的。

2. 服饰着装和个体身份或角色的相适宜性。

出席宴会时需注意，如果你是宴会的核心人物，那么你就应该搭配得与众不同，否则会令大家失去“方向感”；相反，如果不是，那么你则要大众化些，免得喧宾夺主。

3. 着装和个体所进行活动的相适宜性。

该特性是最基本的。如果去工作就穿职业装；如果去逛街就着休闲装；如果去结婚就应当披婚纱或礼服；如果去买包子就没必要穿西装、系领带了。

4. 服饰搭配与个体所在现场的气氛和格调相适宜。

在悲伤的场合切忌不要穿得太滑稽，在搞笑的场合也不要穿得过于深沉。

5. 服饰搭配与个体的性格、爱好、年龄相适宜。

如何正确清洁面部？

洗脸是每一个人每天必须做的，但它可不是一项简单的“例行公事”。洗脸的顺序与步骤是否正确决定着皮肤的好坏程度，正确有效的洗脸方式可以改变肌肤的不良状态。如果你在乎自己的肤质，想要拥有光润水感的健康肌肤，那么就该好好认真对待洗脸这件既简单又复杂的工程了。爱美女孩要尤为注意。

第一步：用温水湿润脸部

洗脸用的水温是非常重要的。切忌太热，或者太冷。有的人图省事，直接用冷水洗脸；也有的人认为自己是油性皮肤，决定要用很热的水才能把脸上的油垢洗净。然而这些都是错误的观点，正确的方法是用温水，因为温水对皮肤的刺激程度最小。用温水洗脸既能保证血液流通正常，毛孔充分张开，又不会造成皮肤的天然保湿油分过分丢失。

第二步：使洁面乳充分起沫

使用洗面奶时注意，无论用怎样的洁面乳，量都不宜偏多，面积有五分硬币大小即可。一定要先把洁面乳在手心等充分揉开、打起泡沫后，再向脸上涂抹，很多人忘记了这一步骤，而这一步也是关键的一步。因为，如果洁面乳不充分起沫，不仅达不到清洁效果，而且还会残留在毛孔内诱发青春痘。

第三步：轻轻按摩 15 下

把洗面奶均匀涂在脸上以后，要轻轻用指肚打圈按摩，这时不要太用力，以免产生皱纹。容易长黑头的地方可以酌情多揉几下，大概按摩 15 下，让洗面奶泡沫覆盖整个面部。

第四步：清洗洁面乳

洁面乳按摩完后，下一个步骤就到了清洗了。常有一些女孩怕洗不干净，所以用毛巾用力地擦洗，其实这样做对娇嫩的皮肤很不好。最好的方法是用湿润的毛巾轻轻在脸上按，反复几次后就能清除掉洁面乳，而且不伤害皮肤。

第五步：检查发际

清洗完毕后，你可能会认为洗脸的过程已经完成了，其实并非如此。这时候还要照照镜子，细心地检查一下发际周围是否残留有洁面乳。这个步骤也往往被人们忽略。如果你的发际周围总是容易长一些痘痘,很有可能就是因为忽略了这一步。

第六步:用冷水擦洗 20 下

最后一步,双手捧起冷水擦洗面部 20 下左右,然后用蘸了凉水的毛巾轻敷面部。这样做的好处是可以使毛孔收紧,并在同时促进面部血液循环。这样才算完成了整个洗脸的过程。

按照着以上的步骤洗完脸,然后再照照镜子,你会发现脸部皮肤比以前光洁白嫩了许多。这种一丝不苟的面部清洁方法有很多功效,例如防皱、美白,但需要长期坚持才会有效果。如果每天都能按照这种方法认认真真地洗脸,肤质也自然而然得到改善。

干性皮肤如何护理?

干性皮肤,也就是干燥性皮肤。由于皮肤缺乏水分(皮肤角质层水分少于 10%),皮脂分泌少,多表现为皮肤缺少光泽,手感粗糙。干性皮肤在寒风烈日、空气干燥的环境和持续在空调环境工作情况下,皮肤缺水的情况会更加严重。如果长期不认真护理会产生皱纹,因此干性皮肤必须通过适当的皮肤护理,以防未老先衰。

干性皮肤在日常护理中应注意以下几点。洗澡不宜过勤,因洗澡过勤会将自身本来就少的皮脂洗去,从而皮肤变得更加干燥,同时,洗澡要用温水。在选用洁肤品时,注意最好用不含碱性物质的膏霜型洁肤品,切忌使用粗劣的肥皂洗脸。洗脸时选择用温水,根据自身情况有时也可不用香皂,只用清水清洁。还有就是清洁时少用、甚至不用磨砂膏去除死皮,否则会加速皮肤的干燥、多皱。此外，还要多注意防晒和防冻，因为两者均能导致干燥、皲裂甚至更加严重的发炎现象。化妆品的选择时，少用或不用粉状类，而且常用高度保湿的营养霜，同时适度按摩。皮肤严重干燥的，还可以适当口服维生素 A 和维生素 E。

以上是基本保养方法，以下方法可以辅助治疗。

其一，选用干性皮肤的面膜敷面，一般情况下，敷面 25~30 分钟即可。常用的适用于干性皮肤的材料有：鲜鸡蛋黄 1 个，面粉 2 匙，橄榄油 2~3 滴，蜂蜜 1 匙，将其调和成浓浆敷面，这样令皮肤组织恢复天然光泽。

其二，用蒸面疗法加快面部的血液循环，以此补充必需的水分和油分。具体步骤如下：用电热杯或脸盆，加入适量水，并在其中加入适量的甘油等护肤品，待蒸汽上升时，再将面部置于蒸汽上方熏蒸，当面部出现潮红时就可以了，每次用 5~10 分钟，通常每周可进行 1~2 次。

秋冬季节，气候干燥，所以皮肤保养时要特别注意。早晨，最好用冷霜或乳液润泽皮肤后，再用收敛性化妆水调整皮肤，接着涂足量的营养霜。晚上保养时也要用足量的乳液，营养化妆水和营养霜。并且坚持每日按摩面部 1~2 次，每次 5 分钟左右，以促进血液循环，进而改善皮肤的生理功能。如果做足了脸面上的功夫，再适当加强营养，增加进食多脂食物，干燥性的皮肤同样可以滋润光泽、亮丽照人。饮食方面注意要多吃牛奶、牛油、猪肝、鸡蛋、鱼类、香菇和南瓜等。

油性皮肤如何护理？

确定你是不是油性皮肤很简单，因为油性皮肤特征显著：皮脂分泌旺盛，脸部油腻光亮，多数油性皮肤的人肤色偏深，毛孔粗大，甚至可以出现橘子皮样外观，别是在T型区的额头、鼻子和下巴，油脂分泌更多。油性皮肤容易黏附灰尘和污物从而引起皮肤的感染，患粉刺、痤疮等。但是，这类皮肤对外界刺激的耐受性很强，不易起皱纹，也不容易产生过敏反应。

油性皮肤护理的关键是保持皮肤的清洁。建议油性皮肤的人选择洁净力强的洗面乳，来将分泌的油脂清洗干净。这样一方面能清除油脂和附着在毛孔的污物，另一方面还能调节肌肤酸碱值。

洗脸时，水温可稍稍偏高，40摄氏度左右为宜，将适量洗面乳放在掌心上搓揉起泡，接着仔细清洁T形部位，特别是鼻翼两侧等皮脂分泌较旺盛的部位，已经长痘的地方，则注意不要太用力，用泡沫轻轻地划圈，然后用清水反复冲洗十数次以上才行。

清洁面部后，可拍以收敛性化妆水，这样可以抑制油脂的分泌，切忌用油性化妆品。

晚上洁面后，也可通过适当地按摩来改善皮肤的血液循环，进而调整皮肤的生理功能。入睡前最好不用护肤品，以保持皮肤的正常排泄。

每周可做一次熏面、按摩、面膜，深度清洁，以达到彻底清洁皮肤、缩小毛孔的目的。

如果面部出现感染、痤疮等病症，要及早治疗，以免病情加重，否则损害扩大，即使愈后也会留下疤痕及色素沉着。

油性皮肤的人在秋冬干燥季节也可适当地选用乳液及营养霜。

油性皮肤的人在饮食上要注意，少食脂肪、糖类含量高的食物，忌过食烟酒和辛辣刺激的食物，而且还应多食水果蔬菜，保持大便通畅，进而改善皮肤的油腻粗糙的状况。

只要注意科学合理的护养，油性的皮肤也将会给人以自然的面容。

混合性皮肤如何护理？

混合性皮肤，兼有油性皮肤和干性皮肤的两种特点，通常在面部T字区域（额、鼻、口、下颌）多油，其余脸颊部位呈偏干。我国大部分人都属于混合性皮肤。

混合性皮肤的人除了一部分人是天生的，还有一部分人是随着环境而逐步变成的，甚至还有以前是中性皮肤或者油性皮肤随着年龄、环境等变成现在混合性皮肤的。

对于混合性皮肤，每天的护理也是很重要的。

1. 清洁：每天的基础护肤，早晚各一次。选择适合自己混合性肌肤的化妆品，温水洗脸，洗脸时注意不要太大力，如果觉得T字区域特别油，可以在出油的部位多洗几遍，两颊用力则相对轻柔一些。

2. 做面膜：之前最好先去角质，而且每周不要超过两次，每周做1到2次面膜，以达到深层清洁和补水的目的。根据自己的实际情况选择相应的面膜。如果你觉得自己肌肤干燥紧绷，就可以用专门补水的面膜；如果你觉得自己的毛孔粗大和出油问题严重一些，就可以试试海洋矿物泥面膜，从而来抽取毛孔中的污垢，以及吸去多余的油分。

3. 爽肤水：每天两次。混合型的皮肤在选择爽肤水时建议不要使用含有酒精的爽肤水，最好选择具有保湿性能的。在使用爽肤水时要用化妆棉，才能达到均匀、全面的效果。如果在夏天觉得鼻子特别油，可以在擦好爽肤水后，把化装棉敷在鼻子上，干了以后拿掉，控油效果一流。

4. 乳液：每天2次。混合型皮肤在选择乳液时要注意选择多个功效的，比如具有保湿、控油、润养功能作用的，让皮肤恢复自然的水油平衡。

5. 隔离保护：由于影响皮肤的因素有很多，其中环境是关键因素，所以在每天的日常护理中要加一步隔离保护，也就是通过使用隔离霜、粉底或者防晒霜。

此外，饮食上也要多注意吃水果、蔬菜，尽量少吃或不吃辛辣、刺激性食物。

如何快速消除青春痘？

处在青春期时，体内的激素会刺激毛发生长，促进皮脂腺分泌更多油脂，因此毛发和皮脂腺会堆积许多物质，从而使油脂和细菌附着，诱发皮肤红肿等其他的反应。因为这种症状常见于青年男女，所以才叫它为“青春痘”。虽然青春痘对健康并无大碍，但是却影响了美观。因此很多少男少女为此苦恼，怎样才能快速消除青春痘呢？下面我们给大家一些建议。

1. 通常我们习惯在晨起、午休和晚睡前各清洁面部一次，不过对于皮肤油性较大、工作环境又比较油腻、环境温度较高或经常进行锻炼的人，尤其是运动员，应当适当增加洗脸的次数。在运动或外出回家后要及时洗脸，将脸上的污物洗掉，避免堵塞毛孔，以此保持脸部清洁、干爽，要达到外观不显得油光满面的效果。油性皮肤在化妆品的选择上应注意，不能选择具有油腻性质的化妆品，否则无疑是雪上加霜，这样会很容易堵塞毛孔进而产生粉刺和青春痘。因此油性皮肤的人适宜选用稀薄奶液状的化妆品和护肤品，并且还要注意每天都要卸妆，并用去油能力较强的中性洗面乳、洗面皂进行清洁，每天最少两次。面部清洁完后可用收敛性的化妆水或清爽性的柔软水来擦拭，用去角质或清洁面膜清洁毛孔每周一次即可。

2. 皮肤较油性的人不仅注意要勤洗脸，还要勤洗头，这是因为头皮的油性也容易造成发丝与脸部相接处冒出痘痘。

3. 如果某个部位皮脂腺分泌很旺盛，注意避免按摩，否则会更加刺激油脂分泌，也就更容易长痘痘。

4. 油性皮肤的人，建议最好不要留长发，或者是将头发散在脸上，因为这样都容易刺激皮肤从而长出青春痘。

5. 没有必要的情况下不要用手去碰你的脸，这是因为手上容易携带细菌，所以会因通过触碰而刺激产生不必要的青春痘。而且更不要用手去挤压痘痘，这样容易引起化脓发炎，而脓疮破溃后会形成疤痕和色素沉着，影响美观。需要我们注意的是，未经消毒的皮肤和手指器械、不专业的手法、不正确的判断痘痘的程度都会很容易在挤压痘痘的同时伤及真皮层，从而留下永久性的凹洞和色斑，造成终身消除不去的遗憾。

6. 脸上如果已经长有青春痘也要注意防晒，并做到尽量不要晒太阳，有一部人误以为将脸晒黑就可以掩饰脸上的红点，实际上恰恰相反，它不但遮盖不了红点而且还会有负面效果，那就是让青春痘更恶化。还需要提醒的是，如在海边游泳，除了紫外线强之外，水质对有青春痘的皮肤也是一大刺激。

7. 脸上已有青春痘的人，注意避免使用粉底等粉状化妆品，有的人想通过粉底来掩饰，不过这样反而造成不良效果。

8. 平时保持心情愉快、睡眠充足，尽量避免肝火上升，否则会造成荷尔蒙失调。除此之外，养成每日早起排便的习惯，多运动锻炼身体，作息有规律，多喝优酪乳制品可以改变肠道的易菌生态，促进新陈代谢。

9. 油性皮肤在饮食上注意尽量食用清淡，多喝水，多吃水果、蔬菜，少避免食用油腻、辛辣等刺激性的和含有过多色素及人工香料的食物。另外含有咖啡因的食品，如浓茶、咖啡、可可、巧克力等也容易激发油脂分泌造成内分泌不平衡，甚至形成更严重的青春痘。此外，不要酗酒、抽烟，平时不要轻易吃补药，因为很多常见的中药比如黄芪、桂枝、肉桂、枸杞，或是女性常用来调经的四物汤、四物丸都是容易诱发青春痘的。

10. 嘴边容易长青春痘的人还要留意牙膏的使用，这是由于牙膏中含有的的氟化物容易诱发青春痘，当然你大可以选择不含氟的牙膏，或者是刷完牙后将嘴边残留的牙膏清洗干净。

11. 油性皮肤平时清洁卫生时千万不要忽略了枕巾、枕套的洗换。因为枕巾经常与脸部皮肤接触，如果光洗脸不换枕巾的话，效果等于没洗脸。枕套因为直接接触面部和头部，比较容易沾上螨虫、灰尘、头皮屑等污物。所以定期换洗是非常必要的，枕巾最好一两天换一次，枕套每周换洗一次。

如何让皮肤白起来？

美白娇嫩的肌肤，是很多女孩子追求的。我们亚洲人的肌肤黑色素颜色较深，而且角质层很薄，因此容易产生色素斑。这也是我们热衷美白的原因。不过，关于美白，你的观点正确吗？

美白，不是简单的找一支美白精华，只要天天涂搽便可以轻易达到，要将美白产品的功效发挥到淋漓尽致，以下几点正确美白观不可不知。

1. 认识色素的种类和美白产品功能

市面上的美白产品种类繁多，每种产品都有着自己不同的美白功效，例如有的是专为均匀肤色而设，也有些是专为雀斑而设，所以在购买前，必须先了解产品的成分和特性，才能对症下药。

2. 美白只能做到恢复本来肤色

要了解，皮肤的黑与白并非是判断完美皮肤的标准，完美的肌肤跟肤色的均匀度和亮泽感有关。所以如果你的皮肤天生黝黑，那么使用美白产品的目的就是要去除暗哑肤色，令自己的肤色恢复均匀和通透即可，而不是强求由天生的黝黑转变为白净。从这个意义上说，肌肤不会因涂美白产品而比原肤色更白，所以误信美白产品的广告只会浪费你的金钱。

3. 防晒不离身

由于大部分黑色素和阳光中的紫外线有关，所以要养成搽防晒的习惯。如果以每天平均接触阳光 8 小时算，那么最少要涂 SPF 24、PA++或以上的防晒霜。不过注意度数过高的防晒霜，SPF 度数愈高，反而容易阻塞毛孔。另外，还要注意，眼部比面部皮肤更薄，所以不要忽视眼部防晒。

4. 先保湿再美白

本身属敏感或干性的皮肤，注意使用美白产品前应先保湿，可先涂保湿精华打底，以增加皮肤角质层的水分。因为健康的皮肤细胞组织，可以减少使用美白产品时因刺激所产生的敏感症状。

5. 面膜不宜敷过夜

通常的美白面膜，除非特别注明，否则一般只需敷15分钟便足够。有的人误认为面膜敷的时间愈长便愈有效，敷面膜时间如果过长，面部的细胞就很容易缺氧，进而影响肌肤的正常呼吸。此外，面膜中的养分也不能有效地渗透到皮肤，从而降低了面膜的应有功效。

除了正确地认识美白，良好的饮食习惯对阻止色素产生，达到美白效果也很有帮助。

1. 多食豆类及豆制品

豆类中含有丰富的蛋白质，有利于肌肤制造胶原蛋白，多吃有益，可令皮肤白滑，所以要皮肤白其实很简单，只要多吃豆类制品如豆浆、豆腐花、豆腐就可，又便宜又天然。

2. 一日一番茄

我们都知道番茄内含丰富的维生素C，而维生素C可以抑制黑色素形成，淡化雀斑。同时，番茄还可以有效抗氧化，进而能改善肌肤因氧化而出现的暗黄肤色，对于均匀肤色很有帮助。

3. 少吃酸性食物

平时饮食时注意多吃含有维生素C及维生素E的食物如柿、奇异果、橙子、苹果、绿叶蔬菜、红萝卜、燕麦等，以上这些都含有天然的抗氧化剂，可令肌肤恢复天然肤色。不过，想肌肤白净，还应少摄取酸性食品如肉类、油、酒精等。

4. 米水洁面

大米中可溶于水的水溶性纤维及矿物质，会遗留在洗米水中，尤其是维生素B营养相当丰富。众所周知，缺乏维生素B会妨碍肌肤吸收其他养分，从而产生很多皮肤问题如产生皱纹、老化、过敏等。所以每次洗米后，将第一遍和第二遍的洗米水留作清洁面部之用，可达美白功效。

5. 银耳糖水

银耳有“平民版燕窝”之称，多食用银耳可促进肌肤的骨胶原增生。银耳糖水可配合红枣和百合食用，等其煮至变烂为止，然后再加入冰糖，这样也有助美白肌肤。

6. 柠檬水

柠檬是很好的美白水果，含有丰富的维生素 C，多喝柠檬水既可以帮助排毒，还有助美白肌肤。每天早上最好空腹喝暖的柠檬水 1~2 杯，不过最好不要加糖，这样可有效防止黑色素积聚。

如何有效祛斑点？

每个人都希望自己拥有有光洁的面容，但是，有些人脸上却长有许多斑，而且这种现象女性比男性多。爱美的女孩子都非常害怕脸上长斑，尤其是肤色较白的女孩子，黑色的或黄褐色的斑在脸上尤为明显。

斑的种类有多种，常见的有黄褐斑、黑斑、雀斑、晒斑。那么有何妙方去除呢？

食品中，具有保养皮肤和祛斑功效的食物有许多种。现介绍几种确有实效的食疗方法。

1. 每天吃一片维生素 C 和维生素 E，因为维生素 C 可抑制皮肤内酪氨酸酶的活性，有效减少黑色素的形成，从而使皮肤白嫩，黑斑消退，而维生素 E 具有抗氧化作用，可以延缓衰老，具有保健作用。

2. 把茄子洗干净后，把皮切下来敷脸，长时间使用后，小斑点就不那么明显了。

3. 每天喝 1 杯番茄汁或常食用番茄，对防止祛斑有较好的作用。因为番茄中含有丰富的谷胱甘肽，谷胱甘肽可抑制黑色素，从而使沉着的色素减退或消失。

4. 洗脸的时候，在水中加入 1~2 汤匙的食醋，有减轻色素沉着的作用。

5. 把鲜萝卜切碎挤成汁，然后取 10~30 毫升，每天晚上洗完脸后涂抹，待干后，再用清水洗净。此外，每天喝 1 杯胡萝卜汁，也可美白肌肤。

6. 将新鲜柠檬搅汁，加适量糖水饮用。柠檬中含有丰富的维生素 C、钙、磷、铁等。所以常饮柠檬汁不仅可美白肌肤，还能使黑色素沉淀，进而达到祛斑的作用。

此外木瓜和牛奶，用搅拌机打碎后，敷在脸上，20 分钟后洗掉。反复几次，也会有不错的效果。

祛斑的同时，注意要防晒，效果会更好。

如何有效祛痘印？

一般情况下，痘痘得到治愈，皮肤自行恢复了以后都会留有深红或者淡红色的痘印。痘印留下的原因可能有 2 个，①痘痘感染了，出现脓肿、脓疱，排出脓液时或者是脓疱破溃过程中，伤到了真皮层，这样是一定会留下疤痕的；②本身就属于瘢痕体质，即使很小的伤口也会可能留下很明显的疤痕。这些痘印不容易彻底清除，所以很多人为此苦恼。

消除痘印，需要考虑皮肤的综合状况，同时进行相关的皮肤疗理才能有效去除痘印，改善和提升皮肤状态。常用的祛痘痕的方法有以下 6 种。

1. 擦皮法

把清凉剂涂抹在痘痘的疤痕处，当达到皮肤麻木、表面固定的时候，接着用一镶有细小的可旋转的工业用钻的不锈钢轮进行打磨，痘印边缘被磨光，并且底部也被打磨了，中央部位就相应增多了，这样凹陷性的痘印会相应的变平，因而擦皮法对于消除的多是凹陷性痘印的疤痕还是很适合的。注意的是，使用擦皮法后如果经阳光暴晒，皮肤会变黑，因而需要特别注意防晒。

2. 蛋白质注射

在使用蛋白质注射方法治疗痘印的疤痕前必须先简单地检测一下，看你的情况是否适合使用这种方法。用手指拉伸疤痕旁的皮肤，如果疤痕消失，那么就是适合这种方法，就可以选择使用。蛋白质注射法中所使用的胶原蛋白是从皮肤的真皮层里产生的，不过由于人体自身会溶解胶原蛋白，因此在 3~9 个月后去可能要进行另一轮治疗。另外需要特别提醒的是，怀孕期或哺乳期的女性最好不要采用此法，对她们来说使用胶原蛋白注射取出痘痕的安全性目前并不是十分确定的。

3. 脂肪注射术

脂肪注射术指的是针对由于脂肪损失造成的深疤痕，使用患者身体其他部位获取脂肪，接着清洗干净再注入疤痕处治疗疤痕，采取这种方法，一般效果可持续半年到 1 年。

4. 化学去皮法

化学去皮法主要治疗的是坑状的痘印疤痕，一般情况下是通过使用三氯乙酸或者 α-羟基酸处理轻度或表面去皮。不过对于严重的粉刺疤痕不适合使用此法，而是需要配合全身麻醉用苯酚去皮法。

5. 打孔凿切除法

打孔凿切除法适合治疗又窄又深的像碎冰锥一样的疤痕,并且有很好的效果,其具体做法就是用圆形的包干成型切割刀状的凿子,接着切除痤疮疤痕,然后将边缘缝合起来。

6. 激光擦皮法

激光擦皮法与上面的擦皮法不同的,激光擦皮法是通过使用二氧化碳激光器打磨肌肤,相对来说不会出血,使用时要非常注意,否则使用不当反而会产生新的疤痕,或者产生色斑。

如何正确给肌肤补水?

随着外界环境尤其是气温和空气中湿度的降低,皮肤的角质层不能有效分泌出油脂,这时皮肤就会出现紧绷、干燥的现象,进而导致细纹的出现。皮肤干燥最关键的就是补水。补水是每天必不可少的,当然补水也是有讲究的,选择护肤品和选择做皮肤护理,首先都要确定自己皮肤的情况,根据自己的肤质选择合适的化妆品和护理方法。

面部的皮肤护理步骤基本可以分为三个程序:清洁、爽肤、滋润。不同肤质在补水程序中会有不同的侧重,所以要根据自己的肤质选对重点,这样效果就会事半功倍。

1. 中性皮肤。中性皮肤是几种肤质中比较理想的一种皮肤,肌肤状况比较稳定,油分和水分比例也相对均衡,而且毛孔细小,纹理细腻,皮肤光滑滋润有弹性,并且表面不粗不黏。此类肤质补水重点是洁面 。由于中性皮肤状况良好,所以很容易疏忽其皮肤的保养,不过这类皮肤的补水同样重要,再好的皮肤不保养的话也会老化。此类肤质化妆水应选择润肤型的，有保湿、滋润效果的。面膜选择较广，适合用各类果蔬面膜。

2. 干性皮肤。其特征是，毛孔小，几乎看不见，纹理比较细腻，皮肤明显干燥无光泽，缺乏娇嫩水感。而且干性肤质在清洁后皮肤有紧绷感，易老化，面部容易长黑斑或细小皱纹，但是不易长粉刺。干性皮肤的补水重点是使用面霜。干性皮肤缺水现象是最为明显的，肌肤容易在干燥时候形成细小皱纹，所以如果使用偏油性的保湿产品比如保湿霜、保湿乳液会有很好的锁水、保湿效果。干性皮肤除了注意保湿外，最好也多涂一些滋润成分较高的润肤化妆品和精华素。面膜可每隔 2~3 天，使用含保湿性较高的敷脸一次。

3. 敏感性皮肤。其特征是，皮肤表层中的角质层薄，并且真皮血管网浅，因而此类肤质受到刺激后很容易发生红肿、脱水等皮肤症状。敏感性皮肤补水重点是，夜间补水。由于白天此类肤质所受外在环境的影响较大，所以可以选择侧重晚间保养，并使用适合敏感皮肤用的护肤品，比如蔬菜面膜。

4. 油性皮肤。其特征是，毛孔明显粗大，皮肤纹理粗糙，油光满面，并易长粉刺、青春痘，但不容易起皱。此类肤质补水重点在于控油。相当一部分人误以为泛着油光的肌肤就不缺水。油性肌肤选择化妆品时应选用清爽的水质保湿产品，例如保湿凝露、喷雾、润肤露等。

5. 混合性皮肤。其特征是，T 字部位呈油性，而眼周和两颊呈干性。通常混合性皮肤大多是从油性皮肤演变而来的，而且多是因为护理不当或者滥用化妆品造成的。此类肤质补水重点在于控油补水。清洁时注意以 T 字区为主，两颊部位以补水滋润以主。混合性皮肤要重视面膜，面膜对皮肤的好处很多，比如滋润肌肤，清除皮肤的污垢，促进血液循环等。

常见的防晒误区有哪些？

众所周知，想要使自己的肌肤免于紫外线的伤害，必须做好防晒工作。但是很多人对防晒存在误区，以至于每次防晒，都达不到理想的效果。

误区1：只有在酷暑高温下，紫外线才会非常强烈。

真实情况：紫外线本身不会发热。譬如人们在爬山时，越往上，越会感动山风越凉，而这时的紫外线也就愈强。研究表明，每往上1千米，紫外线强度就增强10%。同理在大海上也是如此，海风让你感觉凉爽，然而此时的紫外线也已达到极强的程度。

误区2：当阴天时云层很厚时，紫外线就不会轻易伤害到皮肤了。

真实情况：云层对紫外线来说只是起到极低的隔离作用，90%左右的的紫外线都能轻易穿透云层，能阻挡部分紫外线的唯有昏暗而又厚重的雨云层。

误区3：防晒产品的防晒系数越高，就越对皮肤有利。

真实情况：防晒系数越高的产品，也就意味着产品添加了越多的防晒剂，因而对肌肤的刺激性也就相应地越大。所以如果你是平常上班、上学的话，选择SPF15、PA+的产品就可；如果是在户外活动的话，建议选择SPF25~SPF35、PA++的产品；而如果是到海边游泳的话，就要选SPF35~SPF50、PA+++了。

误区4：防晒品涂上后就立即会产生防晒保护效果。

真实情况：防晒产品中的有效成分必须渗透到角质表层后，

才能发挥长时间的保护防晒效果，所以必须在出门30分钟前就先将防晒产品擦拭完毕，最好出门前再补充一次。在使用的剂量上，每次至少需有1~2毫升，才能达到最佳防晒功效。

误区5：偶尔有几次忘记涂防晒品，也不会对皮肤有太大的影响。

真实情况：日晒是可以长时间累积的，所以虽然如果只是间接性地接受日晒，对皮肤的伤害也会长期积累下来，因而即使没有立刻看到后果，时间久了就会造成肌肤晒黑，脸上出现晒斑，皮肤失去弹性、产生皱纹、老化等一系列现象。

误区6：只要出门前涂了防晒霜，肌肤就可安全无忧一整天。

真实情况：在暴晒部位涂抹防晒产品几个小时后，由于汗水稀释等其他原因，防晒品的防晒效果会渐渐减弱，所以在一段时间后应及时洗去并重新涂抹，以延续防晒效果。

误区7：我的皮肤既然已经被晒黑了，再涂防晒霜也无济于事。

真实情况：皮肤晒后如果呈棕黄色，则表明皮肤此时进入自我保护状态。皮肤的增厚和黑色素的产生是皮肤自我保护的外在表现。但皮肤中的黑色素只能吸收部分的紫外线b，而且只是起隔离作用，使肌肤不受损伤，然而却没有吸收紫外线a的功能。因而在户外时，阳光与皮肤间的隔离措施是必不可少的。

误区8：我已经同时使用了有防晒值的乳液和粉底，那么防晒效果就应该是两者单独效果相加合之。

真实情况：真正得到的防晒效果只归功于其中的防晒值较高的产品，而不是所有的相加，因此无需同时使用两种甚至以上防晒产品。

毛孔粗大怎么办?

毛孔粗大的现象存在于各种肤质人中。中、干性肌肤的人通常因为护理不当或者缺乏正确的清洁及调理，使表皮角化不正常松弛或老化，从而导致废物不易从毛囊中排出，堆积在表皮上，致使毛孔粗大。油性和混合性肌肤的人，油脂分泌相当旺盛，也因此成为毛孔粗大的主要原因。毛孔粗大如处理不当，不单会让毛孔越来越大，还会令青春痘频生、滋生螨虫等，影响美观。

由上可知，缩小毛孔是日常皮肤护理中必不可少的，也是很关键的。下面是7种可以缩小毛孔的办法，希望对毛孔粗大的女孩有帮助。

1. 冰敷——用化妆棉把冰过的化妆水沾湿，敷在毛孔粗大的地方，这是利用了热胀冷缩原理，多试几次，可以起到不错的收敛效果。

2. 毛巾冷敷——把专用的干净整洁的小毛巾放在冰箱里，在清洁完脸部后，把冰毛巾拿出来轻敷在脸上几秒钟。

3. 用水果敷脸——西瓜皮、柠檬皮等都可以用来敷脸，这些水果很好地收敛、柔软毛细孔、抑制油脂分泌以及美白等，起到多重功效。

4. 柠檬汁清洗——油性肌肤的人可以在清洁面部的水中滴入几滴柠檬汁，这样除了可收敛毛孔外，还能减少疱疹的产生。

5. 化妆棉+化妆水——准备一小瓶无油的化妆水和化妆棉，然后在化妆棉喷上适量化妆水轻拭出油的部位，多重复几次，对于毛孔粗大来说是既清爽又有效。

6. 鸡蛋橄榄油紧肤——将一个鸡蛋打散，放入半个柠檬榨成的汁和一点点粗盐，充分搅拌均匀后，再将适量橄榄油加入鸡蛋汁里，将二者混合均匀。平日可将它封膜储存在冰箱里，每周涂1到2次就可以让肌肤紧实，进而改善毛孔粗大的状况，促进皮肤的光滑细致。

7. 栗皮紧肤——取出栗子的内果皮，捣成末状，然后与蜂蜜均匀搅拌，涂于面部，这样的面膜能使皮肤光洁、富有弹性。

如何保养眼部肌肤？

眼睛周围的皮肤相对于其它部位来讲特别柔细纤薄，而且许多细小的皱褶，因此眼部周围肌肤水分蒸发速度较快；同时，该部位汗腺和皮脂腺分布较少，很容易干燥缺水。以上因素决定了眼睛是面部最容易老化并产生问题的地方。通常来说过了25岁以后眼部周围的肌肤就开始走下坡路，容易出现黑眼圈、鱼尾纹、眼袋、浮肿等问题。因此，眼周肌肤的预防和护理是十分重要的。

我们把眼部保养分为内在保养、外在保养两部分。

1. 内在保养

(1)保持充足的睡眠，不要过晚睡觉，切忌熬夜。

(2)平时多喝水，但是睡前避免大量饮水，避免第二天眼部浮肿。

(3)保持乐观向上情绪，内分泌紊乱或其它疾病及时治疗。

(4)尽量避免阳光直接照射。

(5)养成眯眼、眨眼、挤眼的习惯。

2. 外在保养

(1)卸妆清洁。由上而知，眼部及眼周肌肤极为敏感细致，所以卸妆时要极为小心，而且要用眼部专用卸妆水或卸妆膏，并用化妆棉轻轻卸除。

(2)选用合适的眼部保养品。市场上销售的眼部保养品种类繁多，常见的有眼霜、眼胶、眼部精华液等。不同保养品适合不同需求：眼霜滋润性、营养性强，比较适合于眼部有皱纹的人；眼胶是一种植物性啫喱状物质，成分一般温和易吸收且不油腻，适合于有黑眼圈、眼袋的人等；精华液则适用于各种情况。使用这些保养品的步骤，一般是先用精华液，再用眼霜或眼胶。取用约绿豆大小的量即可，之前最好先热敷再涂抹，并配合按摩和指压，这样效果会更好。

(3)按摩和指压。眼部的适当按摩可促进眼周血液循环肌肉运动，有亮眼、清除疲劳的功效。其具体方法是：每晚睡前涂用眼部保养品，此外同时运用中指或者无名指的指腹进行按摩。按摩上眼睑时注意从眼头往眼尾方向轻推至太阳穴轻按，接着由眼尾开始轻按各穴位，依次为眉尾丝竹穴、眉中鱼腹穴、眉头攒竹穴，最后到眼头睛明穴。同理下眼睑也如此，只是指压时穴位依次改变为眼尾瞳子穴，和下眼中央下方的承泣穴、四白穴。每个穴位按压时间以酸胀为准，2秒后放开，重复做5~6次。

(4)眼膜护理：每周1~2次，用胶原蛋白眼膜或者自制眼膜(胡萝卜或黄瓜捣碎取汁加入维生素E油剂4~6滴混匀)进行护理，可使眼部得到滋润和放松。

有黑眼圈怎么办？

黑眼圈是怎么形成的呢？经常熬夜、情绪不稳定会造成眼部疲劳、衰老，当静脉血管血流速度过于缓慢时，眼部皮肤里的红血球细胞就会供氧不足，进而导致静脉血管中二氧化碳及代谢废物积累过多，形成慢性缺氧，血液较暗并形成滞流以及造成眼部色素沉着，形成黑眼圈，也就是平时我们戏称的“熊猫眼”。黑眼圈非常影响美观，所以被很多女生所讨厌。

日常生活中做好预防和消除黑眼圈，首先应保持充足的高质量睡眠，避免睡得过晚、熬夜，建议枕头不要过低，尤其需要注意的是，睡前千万不要大量饮水。其次，平时饮食中多摄取富含维生素的蔬菜和水果，切忌烟酒过量，烟酒对眼睛的危害是不容忽视的。再次，避免因阳光直接照射造成对眼睛的刺激，外出时最好戴太阳镜，平时注意养成眯、眨、挤眼睛的习惯。最后可使用眼部保养品，建议选择品质优良的眼部眼胶和眼部精华素。通常步骤是先用精华素，再用眼胶，如果之前能先热敷眼部再进行涂抹，同时配合眼周的按摩或指压则效果更好。

对于长时间坐在电脑屏幕前的人来说，最好常备一瓶眼药水，隔一段时间滴上一滴眼药水是缓解眼睛疲劳的好方法。

如何给身体有效排毒？

最近几年，社会上兴起“排毒”热，“排毒”成为新的健康议题。目前市场关于排毒的保健品也是琳琅满目，很多女性尤为热衷，感觉似乎不排毒就无法娇美，“排毒”对我们来说真是那么重要吗？

医学表明，人体自身就有一套很好的排毒系统，因此只要我们懂得正确的排毒方法就可以自然排出毒素，达到排毒的效果。不过在环境日益恶化的今天，而且很多人存在不健康的饮食习惯，机体内排毒免疫功能下降，当体内的毒素过多时，或许我们可以通过一些措施来自行调节排毒,以保持健康。

最简单也是最有效的就是饮食解毒法。下面介绍几种食物,它们不仅是人体所需养分的最佳来源,还是体内非常有效的解毒剂。

绿豆,我们都知道民间有“绿豆解百毒”之说,绿豆性寒,具有清热解毒祛火的功效。常使用绿豆则能帮助排泄体内的毒素,尤其是重金属离子,进而促进机体的正常代谢。在中医学中绿豆是常常用来化解多种食物或药物中毒的一味中药。

一般来说每一种水果有不同的排毒功能,所以常食用水果对身体是有益无害的。很多水果本身就具有抗污染、清血液、排毒素的功能。

樱桃,是被公认为最具有为人体去除毒素和不洁体液的水果,同时食用樱桃不仅可以促进肾脏的排毒,还有通便的功用。另外,深紫色葡萄也具有很好的排毒的效果,它能帮助机体内肠内黏液的合成,促进清除肝、肠、胃、肾等重要器官的垃圾。

此外,水果中除了樱桃和葡萄,苹果和草莓也是不错的选择。这是因为苹果除了丰富的膳食纤维外,还内含半乳醣荃酸,该物质对排毒很有帮助,苹果内的果胶也能起到避免食物在肠内腐化的作用;草莓,热量不高,含有丰富的维生素C,可以清洁肠胃道并照顾肝脏,不过需要注意的是,若你对阿司匹林过敏或肠胃功能不好,就不建议食用草莓了。

蔬菜中具有排毒功效的有很多,常见的有以下几种。

海带。海带中含有胶质成分,它能有效促进体内的放射性物质随同尿液排出体外,进而减少放射性物质在体内的积聚。

胡萝卜。胡萝卜含有的某些特殊成分可与重金属汞结合,并生成新物质排出体外。

大蒜。大蒜是历来备受推崇的食物，大蒜中含有特殊成分能降低体内铅的浓度。

蘑菇。蘑菇能帮助排泄体内毒素，进而促进机体的正常代谢。

综上所述，很多水果蔬菜具有排毒功效，因此经常饮用鲜果蔬汁是很好的有效方式，这些鲜果蔬汁可将积聚于细胞内的毒素溶解，同时起到中和体内酸性毒素、净化体内脏器、平衡中性体质的作用。选择时注意，蔬菜中富含纤维素或叶绿素的食物更具有解毒功能。这是由于毒性物质由肝脏排出、被小肠吸收之前，毒性物质会附着在已食用的纤维食物和叶绿素上，并随大便排出体外。

运动休闲篇

什么是蹦极？

蹦极，是一项户外休闲活动，属于极限运动。如今，蹦极已由它的发源地新西兰，发展到世界各地。蹦极非常受人们的欢迎，甚至有一些极限运动爱好者还要将自己的婚礼仪式在蹦极塔上进行，当“礼成”的时候，就纵身一跳，以示对爱情的热诚与忠贞。而去蹦极的人们还能够拿到“勇敢者证书”。

跳跃者站在约 40 米(也就是相当于 10 层楼高)以上高度的位置，常见的有桥梁、塔顶、高楼、吊车甚至热气球上，然后把一端固定好的一根长长的橡皮绳绑在脚的踝关节处，然后张开两臂，双腿并拢，头朝下跳下去。由于绑在跳跃者踝部的橡皮绳很长，足以让跳跃者在空中享受几秒钟的“自由落体”。当跳跃者的身体落到离地面一定距离时，橡皮绳则被拉开、绷紧，阻止人体继续下落，当到达最低点时，橡皮绳会再次弹起，同时人被拉起。随后几秒钟又落下，这样反复多次直到橡皮绳的弹性消失为止，这就是蹦极的整个过程。

蹦极有多种分类方法，主要有下面四种。

1. 按跳法分类：

(1)绑腰后跃式。该类跳法为绑腰站于跳台上采用后跃的方式跳下，属于弹跳，也是规定初学者之第一个基本动作。弹跳时会感觉仿佛掉入无底洞，整个心脏要跳出来似的，大概 5 秒钟时就会突然往上反弹，反弹持续 4 到 5 次，整个过程约 1 分钟。当看到自己已安全悬挂于半空中的时候，会感到既紧张又刺激。

(2)绑腰前扑式。该类跳法为绑腰站于跳台上面以前扑的方式跃下。此跳法是弹跳初学者在学会第一个基本动作后做的另一种尝试跳法。此种跳法近似于第一种绑腰后跃式,但这种跳法弹跳者为脸朝下。当弹跳者面朝下坠落时,会看着地面扑面而来,而且伴随着风声“呼呼”吹过耳边,真正能感受到视觉上、听觉上的恐怖与无助,也能真正享受重生的欣喜。

(3)绑脚高空跳水式。该类跳法为将装备绑于脚踝上,弹跳者站于跳台上面朝下,如同选手跳水时一样,在倒数“5、4、3、2、1”后即展开双臂,向下俯冲,仿若雄鹰展翅,气概非凡。这也是弹跳者表现英姿最酷的跳法。

(4)绑脚后空翻式。该种跳法是弹跳跳法中难度最高的,但也最神气的跳法。跳法为将装备绑于脚踝上,弹跳者站于跳台上背朝后,在倒数“ 5、4、3、2、1”后即展开双臂,向后空翻。需要注意的是,此种跳法需要强壮的腰力和十足的勇气。

(5)绑背弹跳。在弹跳者将装备绑于背上后,于倒数“5、4、3、2、1”后双手抱胸、双脚往下悬空一踩,期间仿佛由高空坠落,会立即感觉大地旋转, 地面事物由小变大, 整个过程仿若向死神打交道,刺激、过瘾到极点,因而该类跳法被弹跳教练喻为最接近死亡的感受的一种跳法。

(6)双人跳。此类跳法要求其中一方必须要有弹跳经验才能进行, 此项甜蜜又惊险的双人跳是你和你的恋人宣誓爱的证言的最高境界。当双人于空中反弹时,弹跳绳会将两人紧紧扣在一起,此时此刻是你许下诺言的最佳时机。不过,双人跳存在一定的风险,因此要特别注意，没有蹦极经验是绝对不允许进行的。

2. 按地点分类大致可分为三种，桥梁蹦极、塔式蹦极和火箭蹦极。

3. 按操作方法也有三类可分：

(1)绑腰。这是踏出弹跳的第一步。

(2)绑背。尝试该种蹦极，你会有电梯断线后的坠落的感觉。

(3)绑脚。这种蹦极方式可体验奥运跳水选手俯冲的快感，当然前提是脚或腿没有折断的历史。

4. 按蹦极技巧和人数还可分为前滚翻、后滚翻，单人跳、双人跳等等，每种跳法都会有不同的感受。

运动“过火”有哪些危害？

生命在于运动，运动既可以使人体保持健康，而且让人充满活力，所以很多人热衷运动，对于运动的人来说，必须科学地锻炼，才能达到增强体能、增进健康之目的，否则，就会达到相反的效果，伤害身体、有损健康。

很大一部分人误认为只要运动量大，就能达到锻炼的效果，尤其是那些想通过运动减肥的人。然而事实上运动量大，尤其是运动强度大，会对人体造成伤害，甚至死亡。

运动强度过大可能会导致运动猝死，而且这个概率在上升。据医学相关调查，发现目前许多人的动脉硬化程度很高，而且在安静的状况下隐匿性动脉血管硬化体检是查不出来的。由于隐匿性心脏病病发前没有任何特殊症状，所以在这种情况下如果运动强度过大，就会出现猝死的可能，尤其是那些高血压患者在运动中可能出现脑血管破裂。

运动强度过大对于女生来说也是很有危害的。如果运动量过大,则很有可能导致女生月经紊乱甚至于闭经。相关调查表明,处于青春期的女生如果经常进行运动量大的锻炼会使月经发生异常,就会出现月经初潮延迟、周期不规则、继发性闭经等。对于即将初潮的女生来说,运动量越大,初潮年龄将会推迟。例如那些处于青春期的女运动员，由于她们经常进行大运动量的锻炼所导致闭经的发生率比其他女生明显增高。

运动量过大之所以导致闭经是由于女生在运动时，大脑中也会生成一种叫做内啡呔的自然镇静物质，当运动量增加时这种物质也会相应迅速增加，而浓度过高的内啡呔会直接影响脑部激素的正常运作以及月经周期,会造成雌激素减少,从而引起闭经。女性周期性的月经要依赖于身体的脂肪量，而脂肪是机体制造雌激素的原料,所以当机体内脂肪的比例过低时,就会容易影响机体内雌激素的正常水平,进而干扰正常月经的形成和月经周期。另外,当机体脂肪量过低的时候，还有可能造成身体将正常的雌激素转化为另一种不活动的非正常雌激素。而这种不活动的雌激素是不能传递信息给大脑的,因而导致月经功能就此停止。

另外,女生如果进行大运动量运动,同时身体也会承受很大的压力。而当身体在受到强大压力时,大多会关闭月经运作,这可能是机体在这种特殊环境下避免怀孕而做出的保护性反应。

所以运动要根据自己的情况,制定科学合理的锻炼方法,不能“过了火”。

音乐可以健身吗？

你知道音乐也是可以健身的吗？

众所周知，音乐是社会参与程度最高的一种文化方式。随着生活方式的转变，音乐健身开始渗透进社会，成为一种新颖的健身方式。音乐是如何健身的呢？

1. 音乐可以加大运动量。

美国弗吉尼亚州某知名学院最近开展的一项研究证实：如果在健身运动的同时听自己最喜欢的音乐会有助于加大运动量。并且用实验证明骑车锻炼的男子，在运动期间听 10 分钟音乐后，他骑车的距离要比不听音乐的男子多 11%。

喜欢在运动期间同时戴着耳机听自己钟爱风格的音乐的人们，通常会有一种感觉：听音乐可使运动做起来更有意思。因而音乐有助于他们将运动进行到底。英国伦敦布鲁内尔大学一位运动心理学家博士用科学研究也证实这一点。还有相关研究表明，如果能让音乐的节拍与动作的节奏同步，就可以让人加大运动量。

2. 音乐可以舒缓压力，放松身体。

如果你想要平心静气的话，不妨听听音乐。在你准备从事一些压力较大的工作之前，可以选择边听音乐边开始着手准备。澳大利亚的一项相关研究发现，对一些准备演讲的人，音乐具有可以防止出现多种与情绪压力有关的应激反应的作用（特别是帕赫贝尔的《D 大调卡农》），并且还能缓解演讲者出现的心率加快、血压升高、皮质醇水平升高等现象。而那些演讲前没有听音乐的人，上述指标都明显升高。适当的打击乐对身体健康也有好处。国外最近有人开展一项研究，主要是让体力消耗大的行业的员工来参加打击乐健身，研究显示有50%(的人)打击乐健身后，情绪得到改善。而参与研究的受试员工也说自己之前的疲劳感、焦虑感和压抑感都有所缓解。所以当你压力过大，不知道怎样舒缓时，建议你去乐器店买上一对节拍器，回家后播放摇滚乐，然后尽情地随着敲打去吧，把全身的压力尽数释放掉。

3. 音乐可以形成轻柔舒缓的氛围，让你睡个好觉。

凯斯西储大学曾做过相关研究，研究表明：睡觉前，听45分钟左右的柔和的催眠曲，可有利于放慢心率和降低呼吸频率，因而有助于快点入睡，而且也睡得香甜。

综上所述，青少年又多了一种健身方式，那就是听音乐健身。

游泳有哪些禁忌？

游泳一种锻炼身体的好方式，可以增强心肌功能，增强身体抵抗力，加强肺部功能，还能健美形体，同时还能磨炼人的意志。

但是游泳也有禁忌，需要游泳爱好者注意。

1. 忌饭前饭后游泳：空腹游泳会不仅影响食欲和消化功能，还会在游泳中发生头昏乏力等意外状况；饱腹游泳也会影响消化功能，还会产生胃痉挛，甚至呕吐、腹痛等严重现象。

2. 忌剧烈运动后游泳：在进行剧烈运动后立即游泳，会加重心脏的负担；而且体温的急剧下降，还会使抵抗力减弱，进而容易引起感冒、咽喉炎等病症。

3. 忌月经期游泳：女生如果在月经期间游泳，病菌容易通过水进入子宫、输卵管等处，引起感染，很容易导致月经不调、经量过多、经期延长等不良后果。

4. 忌在不熟悉的水域游泳：在不熟悉的天然水域游泳时，切忌贸然下水。如果水域周围和水下情况复杂的都不要轻易下水游泳，否则，可能因此发生意外。

5. 忌长时间暴晒游泳：在酷暑高温的情况下，长时间暴晒容易产生晒斑，或引起急性皮炎，也就是日光灼伤。为了防止晒斑的发生，游泳上岸后最好用伞遮阳，或者找有树阴的地方休息，也可披浴巾在身上保护皮肤，并在身体裸露处涂上防晒霜。

6. 忌不做准备活动即游泳：游泳的水温通常总比体温低，因此，在下水前必须做必要的准备活动，否则身体容易会产生不适感。

7. 忌游泳后马上进食：游泳后要休息片刻后才能进食，否则突然进食会增加胃肠的负担，长时间这样容易诱发胃肠道疾病。

8. 忌游时过久：一般情况下皮肤对外界寒冷的刺激有三个反应期。第一期：初入水后受冷，皮肤受刺激血管收缩，皮肤呈苍白色。第二期：在水中停留一段时间后，体表血流扩张，肤色由苍白转呈浅红，这时身体由冷转暖。第三期：停留时间过长，体温散热大于发热，出现鸡皮疙瘩或打寒颤的现象，这是夏游的禁忌期，此时应及时出水。通常情况来说游泳持续时间一般不应超过1个半到2小时。

9. 忌有癫痫史游泳：无论是大发作型还是小发作型的癫痫病，只如果在游泳中时，有一瞬间意识失控，就难免“灭顶之灾”，后果不堪设想。

10. 忌患高血压游泳：尤其是药物都难于控制的顽固性的高血压，游泳时有诱发中风的潜在危险，所以应绝对避免。

11. 忌心脏病者游泳：如患有先天性心脏病、严重冠心病、风湿性心瓣膜病和较严重心律失常等病症的患者，对游泳应“敬而远之”。

12. 忌患中耳炎游泳：不论是慢性还是急性的中耳炎，如果游泳时，不慎让水进入发炎的中耳，就等于“雪上加霜”，病情会更加严重，甚至还可致使颅内感染等。

13. 忌患急性眼结膜炎游泳：这是一种传染性的病毒，尤其是在游泳池里，其传染速度、范围都令人吃惊。当此类病流行季节即使是健康人，也要避免到游泳池内游泳。

14. 忌某些皮肤病游泳：如患有各个类型的癣或者过敏性的皮肤病，游泳会不仅诱发荨麻疹、接触性皮炎，而且还容易加重病情。

15. 忌酒后游泳：酒后身体内储备的葡萄糖会大量消耗因而出现低血糖。此外，酒精可抑制肝脏的正常生理功能，并且妨碍体内葡萄糖的转化和储备，因而游泳时会容易发生意外。

16. 忌忽视泳后卫生：泳后，首先应立即用软质干巾擦去身上水垢，接着滴上氯霉素或硼酸眼药水，擤出鼻腔分泌的污物。如果游泳时耳部不慎进水，可采用“同侧跳”将水排出。之后，还要再做几节放松体操和按摩肢体，也可以在日光下小憩15~20分钟，以此避免肌群僵化和疲劳。

步行的好处有哪些？

如果你没有时间锻炼，也不喜欢健身房，可以试试最简单的运动方法——步行。不要小看这简单的步行，只要运用得当就能达到良好的锻炼和塑身效果。

近年美国一项研究结果显示，如果每天步行上半小时，而且一周能坚持6天的话，既可以保持良好身材，还能减轻代谢综合征带来的不良影响。这项研究结果曾发表在当年12月份的《美国心脏病学杂志》上。此外，医学家们还发现，长期通过徒步上下班和外出旅行的人，他们心血管疾病、神经衰弱、慢性运动系统疾病等常见病的发病率都远远低于喜欢乘车的人。

步行作为一项健身运动，具有很多益处。首先步行可以增强腿部和臀部的肌力，进而提高肌肉的防御抵抗能力。其次，步行的自然的姿势还可以改善脊椎的姿势，因此可以防御某些背脊疾病，减少膝盖和髋关节的负荷，防止骨骼退化和骨质疏松症。再次，如果不间断地步行运动20~30分钟，则相当于每小时行走4~5千米，能使心血管系统持续不断的为全身输送新鲜血液和氧气，进而可以增强心肌、肺脏和肌肉的功能，并促进体内的血液循环。另外，有规律的步行运动能增加肺容量并减少便秘的发生，还可以控制血液中胆固醇的水平。同时，步行运动可以强壮足部的骨骼、关节、韧带和肌肉，有利于避免日后的损伤和疼痛。

不过，步行健身也是要有技巧的。正确的步行健身运动应掌握以下几个要点：

1. 步行健身前要做一些热身运动，比如伸展性运动或者轻缓运动，训练结束后还要进行一些简单的恢复性运动，以预防肌肉、韧带或关节的损伤。

2. 正确的健身步行时应注意，挺胸抬头，每分钟大致走 60~80 米；胳膊应保持自然弯曲状态；视线要保持在行走路程前方 4~5 米；走的线要直，不能左弯右拐。

3. 时间最好选择在晚饭前或餐后半小时步行健身，建议在空气清新的场所进行，以一般强度和中等强度的运动为主。起初可以从每天步行 20 分钟、每周至少 3 次开始。接着，根据情况可逐渐增加每周步行的时间和训练频率。

4. 步行的时候，可以脱去鞋子，光着脚走在沙地、木板地、卵石地和草地上。这样，足部的反应区会受到按摩。

5. 步行运动最好有一个“互助环境”的氛围。如果是与几个伙伴同行，心情就会更加舒畅，坚持时间也就越长。因此，为了使步行健身运动坚持得更长久一些，并且减少运动损伤，可以和家人、朋友或邻居结伴运动。

放风筝有哪些好处？

放飞风筝是我国民间一种历史悠久的娱乐活动。放风筝不仅作为一种娱乐受到人们喜欢，更重要的能增进身体健康。

主要来说，放风筝有祛病强身、健脑益智、怡情养性这三大益处。

1. 祛病强身。冬天人们常居室内，这样容易气血郁积、内热增加，从而容易引起体热平衡失调，导致疾病。依据中医理论，春天一到，阳气升发，人体气血便会产生往外透发的趋势。所以当春天万物复苏之时，登高望远，到郊外放风筝，周围风和日丽、草木竞秀，你可以充分享受新鲜空气，还可以晒晒阳光，舒展筋骨。所以放风筝可以促进人体的细胞代谢，提高人的免疫力，从而起到祛病强身的效果。

放风筝这项健身活动与其医疗功效，在我国古时候就受到人们重视，宋代李石在《续博物志》中说，放风筝"张口而视，可泄内热"。清代富察敦崇在《燕京岁时记》中说："放之(风筝)空中，最能清目"。的确，放风筝时，需要放线收线，时而前顾时而后仰，时跑时行，时缓时急，这样张弛相间，有动有静。放风筝时手、脑、眼三者之间协调并用，全身各部位也都在不停地运动，所有这些运动能使身体的很多部位得到充分的舒展，因而对健身很有好处。随着科技进步和人们对放风筝健身认识上的深入，医学专家认为，风筝健身疗法对神经衰弱、视力减退等病有很好的疗效，所以国外诸如"风筝疗养所"也应运而生。

2. 健脑益智。放风筝同时也是一项健脑运动。我们都知道放风筝要处理风向风速的关系，风筝在高空随风飘忽，上下翻飞，左右摇曳，所以为使风筝不落下来，保持稳定，放飞者会大动一番脑筋，正确做出判断，及时调整。这个时候，一切烦恼忧伤，都随风飘逝，忽略不想。所以，风筝可以治疗抑郁症、神经衰弱、视力减退诸症。如今，现代人放风筝更是发展到高低变幻、声光俱全的高超技艺阶段，相应的需要开动脑筋的地方就更多了。放风筝时牵一线而动全身，手脑需要协调配合，此时动静有致、张弛相间，对健脑益智大有益处。

3. 怡情养性。郊野空气新鲜，而且负离子含量远远高于市区和室内，因而在郊野放飞风筝，可以在运动中同时尽情呼吸清新的空气，还会令人感到精神振奋、心旷神怡，使人在心理上获得愉悦的调节。同时放风筝还可以陶冶情操，净化心灵。仰观扶摇直上的风筝，可催人奋发向上，意气风发。

风和日丽的天气，又是放飞风筝的绝好时节，所以不妨抓住这有利的时机，走出户外，在蓝蓝的天空下放飞你的风筝。

垂钓的好处有哪些？

俗话说得好，“要想身体好，常往河边跑”。垂钓是一项情趣高雅的健身活动。古今中外，无论男女老少，凡是垂钓的人，身心上都会得到无穷的乐趣和有效的锻炼。

总体起来，垂钓活动有动、静、知、乐、康五个优点。

1. 动：首先钓鱼出发前，钓者要制作鱼饵，整理钓具，准备这天野外活动所需的饮料、食物等，这些是轻松、愉快的简单活动。天未亮便早早起床，背上行装，从城市到郊外，或步行，或驱车几十里赶赴钓场，有的时候还要翻山涉水，这自然又是一种很好的田径运动。垂钓过程中，会不断地甩竿、投钩，或站或蹲，全身相关部位都得到了均衡的锻炼。尤为可提的是，这些垂钓中的锻炼是任何体育项目所不及的。因为垂钓并不是像长跑、晨练那样需要人的主观意识强迫身体进行运动，而是垂钓者在钓鱼情趣的诱惑下，心甘情愿地不知不觉地进行运动。就算那些平时不善于吃苦的人，在垂钓过程中也会变得坚韧、顽强。因此有的钓手骑自行车往返百余里去垂钓而不叫苦。

2. 静：钓鱼需要静。而这种静的妙处大概只有钓鱼人本人才能领悟到。那是一种原始的静，童话般的静，充满希冀的静。在晓雾蒙蒙中你选好钓点，甩竿投钩于水中后，便可端坐在岸边，静静地观察鱼漂的动静。此时的你排除了一切杂念，精神高度集中。那些人世间的烦恼，生活中的苦闷、学习、工作中的紧张情绪都会随之一扫而光。因而，垂钓既可以静心养神、陶冶情操，还可以磨练意志。

3. 知：钓鱼同其他活动一样，也需要文化知识，也存在由初级阶段上升到高级阶段、由被动型转变为主动型和知识型的过程。垂钓所涉及知识颇广，在自然科学领域方面，如物理、化学、数学、力学、二维平衡定律、天文、地理等；在社会科学领域，如政治经济、道德、文学艺术等。以上学科知识虽然不要钓鱼者完全弄通，但也要所了解，加以实际运用。所以说钓鱼是一种高雅的娱乐活动，它不仅能丰富人们的文化知识，还能使人变得手勤、腿勤、眼勤、耳勤、脑勤。

4. 乐：垂钓过程中会使你感到无比的轻松、快乐。如果钓到一条大鱼，往往你会高兴得手足无措，甚至对邻近钓友的喊声都会听不见，而且这种乐趣在你的大脑中会持续很长的时间。你会对很久之间钓上的大鱼念念不忘，至今谈起仍记忆犹新。可见，垂钓的乐趣是无法用语言形容的，只有垂钓者自己能体会。

5. 康：垂钓是一种野外活动，当你离开喧闹、空气污染的城市，置身于青山绿水、鸟语花香之中，尽情呼吸新鲜空气，沐浴在柔和的阳光中，动即健体，静则养心，乐则开怀，还能经常吃到自己钓的鲜鱼，岂不快乐、健康？并且，垂钓对提高人的视觉和头脑灵敏的反应能力，都起到了积极作用。此外，我们都知道，负离子有“空气维生素”的誉称，现代医学研究证明，江河湖畔空气中的负离子含量很多，所以如果垂钓者经常吸入这些带负离子的空气，就会达到防病、调整神经功能、促进胃液分泌等效果。因而生活在负离子含量多的地区的垂钓者，平均寿命都比较长。

综上，垂钓活动集动静、苦乐、知识、刚柔于一体，适合于男女老少和任何阶层的人，所以当你有空闲时不妨一试垂钓。

练太极拳的好处有哪些？

众所周知，太极拳是我国优秀传统文化的重要组成部分，而且历史悠久，博大精深。作为一种健身方法，太极拳不仅在国内有广泛的群众基础，而且在国外也深受欢迎。尤其是如今，习练太极拳的年轻人也越来越多。

太极拳是结合了传统导引、吐纳的方法，并注重练身、练气、练意三者之间的紧密调协。因而练习时既可锻炼肌肉、舒筋活络，又能透过呼吸与动作之间的相互配合，从而对内脏加以按摩，以此达到强身健体的效果，主要从以下六个方面表现。

其一，增加神经系统的灵敏性。练太极要做到“心静意定”，在练拳时必先令大脑皮层休息（心静），并将协调全身器官机能的任务交由中枢神经系统（意定）执行，因而加强了神经系统的灵敏性。

其二，畅通经络、血管、淋巴及循环系统。由于习练太极拳的时间不会太短，并且透过习练中搂、拗、屈膝、绞转等运动，动脉血管因适量挤压而得到放松，进而能使血液加速运行，增加体内氧气的供应，同时也促进了淋巴系统的新陈代谢。

其三，增改进身体柔韧度、肌力及肌耐力。习练太极拳过程中，多以慢速走圆或弧度，有时还要配以屈腿半蹲式等运动，加上不断的重心交替变换，运行动作中多搂、拗、绞转等，这些运动可以提高各肌肉的肌力及耐力，同时再配合多方向及大幅度的活动，如下势、蹬脚等，还可改善各关节的柔韧度。

其四，提高心肺功能。由于练太极拳采用的是深、长、细、缓、匀的腹式呼吸方法，因此可增加胸腔的容气量，并且递增了吸氧排碳的次数，使各器官的获氧量相对地提高。此外，随着习练时间的延长，还能提高心肺功能。

其五，治疗慢性消化管道疾病。练拳时身体各关节、肌肉、骨骼会相互牵引、绞缠、挤压和舒张，同时内脏又因腹式呼吸，而起到自我按摩的作用，此外横膈膜之间上下升降幅度增大会对肠的蠕动有良好的刺激作用。另外，由于练拳时的舌顶上颚，唇齿轻闭能增加唾液的分泌，所以也相应提高了消化功能。

经过研究证实，长年习练修习太极拳能对各种慢性病，如神经衰弱、高血压、心脏病、消化不良、风湿关节炎、糖尿等等有着一定程度的的医疗作用。所以，为了强身健体，有时间时不妨领略一下太极拳的特殊魅力。

爬山的益处有哪些？

爬山是一项利用自然条件进行全身性锻炼和群体性的有氧运动，一种常见的户外运动，被很多人所喜爱。

户外爬山，益处可谓很多，至少有以下几点。

首先锻炼脚和肺功能。俗话说：“人老脚先衰。”只有人的脚有劲，才能跑能跳能走，才可进行其它日常行为，也就不易衰老。众所周知，脚是人体之根，经常爬山可以增强下肢力量，还可以提高关节灵活性，并促进下肢静脉血液的回流，起到预防静脉曲张、骨质疏松及肌肉萎缩等疾病的效果，并且能有效刺激下肢的6条经脉及许多脚底穴位，使经络通畅，提高人体抗病能力，延缓衰老的益处非常明显。而对练脚劲来说，爬山的效果是最好的。爬山时，不可避免身体会双臂摆动，腰、背、颈部的关节和肌肉也都在不停地运动，因而能促进身体能量的代谢，增强机体心肺功能，增强机体对环境的适应力。爬山具有强身、保健以及辅助治疗的功效，这些优点对于远离乡野、久居城市的人尤为明显。

其次，爬山可以磨砺意志，开阔人胸怀。就如爬楼梯一样一个阶梯一个阶梯地移步，爬山的时候也要一步一步往上爬，而且爬上去后，有时还要一步一步地走下来，确实很辛苦。然而，当你爬到山顶，征服一座山峰又一座山峰时，你会感受到难以形容的的兴奋、快乐和满足。“踏破青山人未老，风景这边独好”，爬山可以让你感受到历经艰难达到巅峰后的独特境界和乐趣。

爬山不仅是人对自然的挑战，也是对自我的一项挑战。当你脚踩顶峰“一览众山小”的时候，就会拥有回归自然的喜悦，还会平添几分征服自然的豪气，而这种感觉对于深受“现代文明病”困扰的都市人无疑来说是最好的“保健品”。

再次，爬山还能有利于改善神经系统的调节功能，提高神经系统对人体活动时错综复杂变化的判断应变能力，从而激发人的智慧。这是由于，对于平时整天在室内伏案工作的脑力劳动者来说，到空气新鲜的野外爬山是一种最好的积极性休息，可使原来一切紧张的大脑细胞得到放松。并且，由于山地的不规则性，还可促使神经系统及时做出协调、准确、迅速的反应，有便于人体适应内外环境的变化、保持肌体生命活动的正常运行。

此外，登山远眺也是改善视力、治疗近视的一个最简捷的有效办法。极目远望，可放松眼部肌肉的疲劳。另外，登山还有助于改善睡眠质量，调节平衡兴奋与抑制的神经机能。从医学角度来说，爬山郊游活动对身体有很大的好处。它对人的视力、心肺功能、四肢协调能力、体内多余脂肪的消耗、延缓人体衰老等五个方面有直接的益处。

骑车的益处有哪些？

自行车，在我国来说是一种很普通又十分便利的交通工具，人们在上下班和郊游时都经常用它。研究表明，骑自行车和跑步、游泳一样，是一种可以改善人们心肺功能的耐力性锻炼。自行车运动不仅可以锻炼身体，还可以减肥，这吸引了不少爱美人士。

骑车的益处很多，可以从下面几个方面来说。

其一，能预防大脑老化，增进神经系统的敏捷性。据现代运动医学研究结果显示，骑自行车的运动是异侧支配运动，两腿交替蹬踏可促使左、右侧大脑功能同时得以开发，因而防止其早衰及偏废。

其二，可提高心肺功能，锻炼下肢肌力和提高全身耐力。由于自行车运动的特殊要求，手臂和躯干多为静力性的工作，两腿多为动力性的工作，在血液供求重新分配时，下肢的血液供给量较多，而心率的变化也依据踏蹬动作的速度和地势的起伏状况而有所不同。如果身体内部急需补充养料和排出废料，此时心跳常常是平时的 2~3 倍。如此长期反复练习，就能使心肌发达，从而心肌收缩有力，血管壁的弹性也逐渐增强。进而使肺通气量增大，肺活量增加，肺的呼吸功能提高。此项运动不仅使下肢髋、膝、踝 3 对关节和 26 对肌肉受益，而且还可使颈、背、臂、腹、腰、腹股沟、臀部等处的肌肉、关节、韧带得到相应的锻炼。

其三，能减肥。骑自行车时，不限时间、不限速度，而且需要大量氧气。这样周期性的有氧运动，可以使锻炼者消耗较多的热量，使身体匀称，可收到显著的减肥效果。

其四，能益寿延年。根据国际有关委员会的调查统计，邮递员是世界上各种不同职业人员中寿命最长的，原因之一就是他们在传递信件时常骑自行车。

另外，骑自行车运动，除了常规中在户外进行，有条件的在室内也可以开展。

相关专家建议：骑车运动量要适中。只留意骑自行车的路程是不够的，每次骑车在 30 分钟以上，但不要超过 1 个小时。而且骑车时注意上身要放松，以避免引起肩膀和脖子酸痛等。此外骑车时不要把身体压得过低，否则会限制腹式呼吸。

游泳的益处有哪些？

游泳是一项人们在特定环境——水中进行的运动，它既是一项增强体质、磨炼意志的健身运动，还对配合临床治疗，促进病体康复，产生显著的效果。游泳是非常有利于健康的，主要包括下面几点。

1. 增强心肌功能

人在水中运动时，全身器官都参与其中，耗能比平时多。游泳时在水的作用下，肢体血液易于回流心脏，促使心率加快，因此长期游泳会有明显的心脏运动性增大，收缩强而有力，血管壁厚度增加、弹性加大，每搏输出血量增加。因而，游泳可以锻炼出一颗强而有力的心脏。

2. 增强抵抗力

游泳池的水温常为26~28摄氏度之间，游泳时在水中浸泡散热会快，耗能也就更大。为尽快补充身体散发的热量，以供冷热平衡的需要，此时神经系统便快速作出反应，促使人体新陈代谢加快，以增强人体对外界的适应能力，抵御寒冷。尤其是经常参加冬泳的人，由于体温调节功能得到改善，就不容易伤风感冒。此外，游泳还能提高人体内分泌功能，增进脑垂体功能，进而提高对疾病的抵抗力和免疫力。

3. 减肥

游泳时身体直接浸泡在水中，由于水的导热性能非常好，散热速度快，所以身体消耗热量多。有实验证明：人在标准游泳池中跑步20分钟所消耗的热量，相当于同样速度在陆地上的1小时所消耗的热量；在14摄氏度的水中停留1分钟所消耗的热量高达100千卡(1千卡=4.18千焦)，则相当于在同温度空气中1小时所散发的热量。由此可见，在水中游泳，可使许多想减肥的人，取得事半功倍的效果，保持良好的身材。

4. 健美形体

人在游泳时，通常会利用水的浮力俯卧或仰卧于水中，这时全身松弛而舒展，使身体得到全面、匀称、协调的发展，同时使肌肉线条更加流畅、优美。此外，在水中运动减少了地面运动时地对骨骼造成的冲击性，因此降低了骨骼的老损机率，致使使骨关节不易变形。另外，水的阻力还可增加人的运动强度，并且这种强度，又有别于陆地上的器械训练，是很柔和的。因此游泳可以健美形体。

5. 加强肺部功能

肺对呼吸起着至关重要的作用，而肺功能的强弱由呼吸肌功能的强弱来决定。运动则是改善和提高肺活量的有效手段之一。据有关测定：游泳时人的胸部要受到12~15千克的压力，再加上冷水下刺激肌肉紧缩，会造成呼吸感到困难，迫使人用力呼吸，进而加大呼吸深度，这样吸入的氧气量才能满足此时机体的需求。所以长期游泳可促使人呼吸肌发达，胸围增大，肺活量增加，而且吸气时肺泡开放得更多，这样换气顺畅，对健康极为有利。

6. 护肤

游泳运动的时候，水对肌肤、汗腺、脂肪腺的冲刷，一方面起到了很好的按摩作用，以此促进了血液循环，使皮肤也变得光滑有弹性；另一方面，大大减少了汗液中盐分对皮肤的刺激，由此起到护肤的作用。

跑步的益处有哪些？

跑步是一项全身运动的基本活动技能，是人们最常采用的一种锻炼方式。

跑步是最简便而易见实效的运动，这是由于跑步技术要求简单，无需特殊的场地、服装或器械。无论在运动场上或在马路上，甚至在田野间、树林中均可进行跑步锻炼。各人可以自己掌握跑步的速度、距离和路线。如今，跑步已成为国内外千百万人参加的群众健身运动，也是深受广大群众所欢迎的健身项目。

跑步可以促进身体最基本器官的健康，增强心、肺、血液循环系统及其耐久力，而心血管系统的健康又是身体健康的最重要标志，因而人们普遍认为跑步是最好的健身方法。

跑步是一项全身性运动，特别是依靠离心肺较远的下肢做周期性的跑步动作，推动人体向前移动，对人体影响较大。跑步还是一项实用技能，经常跑步锻炼，对正在成长发育的青少年来讲，是发展其速度、耐力、灵巧、协调等运动素质以及促进运动器官和内脏器官机能的发展、增强体质的有效手段。此外对中老年人来说，跑步也是保持精力与体力、延年益寿、强身祛病的好方法。跑步的主要健身作用有：

1. 增强心肺功能。跑步对于心血管系统以及和呼吸系统有很大影响和作用。青少年坚持跑步锻炼，可发展其速度耐力，还可以促进心肺的正常生长发育。中老年人坚持慢跑，就是坚持有氧代谢的身体锻炼，能可保证对心脏的血液、营养物质和氧的充分供给，进而使心脏的功能得以保持和提高。有实践证明，有的坚持长跑的中老年人的心脏功能相当于比他年轻 25 岁的不经常锻炼的人的心脏。跑步对肺部功能影响的情况也大体如此。

2. 促进新陈代谢，有助于控制体重。我们都知道超重和肥胖往往是患病的危险因素，而缺少活动则是引起超重和肥胖的重要原因之一。所以，控制体重是保持身体健康的重要原则之一，对中年人来讲尤为如此。跑步锻炼既促进新陈代谢，同时又消耗大量能量，减少脂肪存积。对于那些消化吸收功能较差而体重不足的体弱者，适量的跑步锻炼就能活跃新陈代谢功能，进而改善消化吸收，增进食欲，起到了适当增加体重的作用。由此可见跑步是控制体重、防止超重和治疗肥胖的极好方法。

3. 增强神经系统的功能。户外或郊外跑步对增强神经系统的功能有良好的作用，尤其是消除脑力劳动的疲劳，进而预防神经衰弱。坚持跑步锻炼的人会有共同体会，那就是跑步既在健身强心方面有着明显的作用，还对于调整人体内部的平衡、调剂情绪、振作精神也有着积极的作用。

一般来说，跑步锻炼时，跑多久可以具体根据自己的身体情况决定，但专家建议，最好每天能连续跑 20 分钟以上，并且每周不少于 3 天。大概的强度，在跑 5 分钟后额头和后背微微出汗时的速度即可，如果用心率来测，最好让脉搏保持在120~180次/分钟之间。需要提醒的是，跑步要注意步伐和呼吸，步伐要平稳，身体尽量不要乱晃，呼吸最好用鼻吸，用口鼻配合呼，而且能每6步左右完成一次呼吸，要深沉。另外跑步还要为自己选一双合适的鞋，强度不大可以选普通慢跑鞋，不要穿布鞋、篮球足球鞋等，否则容易伤脚和膝盖。

滑冰运动的好处有哪些？

滑冰是一项集力量、耐力、速度、协调、柔韧、灵活、平衡、优美、稳定于一身的运动项目。如今，越来越多的年轻人加入了滑冰的行列，滑冰不仅仅是一项健身运动，也逐渐成为一种潮流、一种时尚。

滑冰运动有很多益处，不仅能够增强人体的心血管功能、平衡能力、力量以及身体的柔韧性、弹跳能力，同时还可增强人的心肺功能，提高有氧运动的能力。

1. 心血管功能：滑冰的运动强度较大，能使人的心跳加快，血液循环畅通，心血管系统的功能增强。经常滑冰的人安静时心率为40~60次，运动时可达180~200次，而一般人的心率仅为80~100次。据研究，静坐时下肢肌肉的毛细血管有5%开放，而在奔驰如飞的速度滑冰时，肌肉的毛细血管有90%~98%开放，血液循环极为畅通。

2. 平衡能力：滑冰运动中的燕式平衡和各种旋转动作对人的平衡感是良好的训练，耳朵的前庭分析器在旋转、跳跃的过程中受到锻炼，使身体平衡的能力显著加强，因此滑冰对正处于前庭和半规管发育期的孩子尤其有益。

3. 增强力量:滑行中的蹬冰、燕式平衡,也是锻炼下肢力量的极好方式，滑行中的跳跃和旋转是对全身控制能力的考验和提高。

4. 柔韧和弹跳能力:跳跃、旋转、步法和自由滑组合可明显提高身体的柔韧性和弹跳能力。此外,经常滑冰的人,两腿及腰部肌肉会得到充足的营养。青少年练习滑冰,还可以使下肢骨骼的骨骺得到刺激,促进下肢骨骼生长,

5. 控制体重:花样滑冰是标准的有氧运动,也就是说,运动后消耗掉的是脂肪,而不是水或糖;如果体重60千克的人以自感不累的强度连续滑行半小时,将会消耗热量约150千卡,相当于消耗2个奶油蛋卷的热量。

打保龄球的好处有哪些?

保龄球又叫“地滚球”,起源于德国。是一种在木板球道上用球滚击木瓶的室内体育运动。保龄具有娱乐性、趣味性、抗争性和技巧性,给人以身体和意志的锻炼。由于保龄球是室内活动,不受时间气候等外界条件的影响,易学易打,所以很多年轻人以为保龄球只适合中老年人,其实不是这样的,保龄球是不受年龄限制的老少皆宜的特殊运动。

保龄球的精髓不在于体能的锻炼而在于其益心智，保龄球是一项自己和自己斗的运动,也就是说是自己战胜自己的竞技运动。保龄球运动对动作的要求相当的细腻，即使一点很微小的变化都会对球的撞击效果产生很大的影响，所以对心理的稳定要求相当

高，只有保持一个稳定的心理，才能打出好的成绩，所以保龄球可以锻炼稳定的心理，还能提高自信心。

打保龄球能够锻炼人的大脑，激发人的智慧。打保龄球的过程实际上是一个高速用脑的过程，每一次从助走到球出手再到球撞击球瓶的时间是非常短的，只有几秒的时间，然而就在这很短的时间内你必须对球的出手、落点、线路、撞击的效果进行分析判断，并以此作为下一个球调整的依据。如此一段时间反复，虽然体力消耗不大，但脑力消耗是很大的。实际上，练球的过程是将练球过程中为数不多的、合理的东西固化在大脑中，从而形成一套固定的好的动作，而这些对大脑的运转要求是相当高的。俗话说："脑子越用越活"，练球时对脑的开发，对所有的打球的人都是有好处的，可以这样说，一个保龄球打得不错的人一定是一个聪明的人。

打保龄球还能培养一个人创造美和欣赏美的能力。此外，打保龄球是一个创造美的过程，当球按照自己所设想的速度、旋转、线路在球道上行进时，就是一种美，当助走结束，球很顺利而且满意地脱手而出时，此时完美的手感也是一种美，当保龄球撞击球瓶发出清脆的响声、球瓶被纷纷击倒时，那更是一种美，一种破坏的美，一种只有在保龄球馆才能感受到的因破坏而享受到的美。打保龄球的人，身心会很容易产生极大的愉悦、成就感。一个保龄球打得好的人同时也是一个创造美也欣赏美的艺术家。

打保龄球能够满足在现代文明社会里人性潜在的破坏欲，缓解、消除工作和生活中的压力。保龄球运动之所以能够使你忘却烦恼，是因为它是一项要求精力高度集中的运动，打球时要求你全神贯注于球道上的目标点，抛开一切杂念，然后助走、出手、观察球的线路、分析击打效果等动作，在这个过程中你体会到的只有运动给予的乐趣。

打保龄球能够增进与他人交往。保龄球运动是一个不断向高手请教以及和球友交流、切磋的过程。并且在请教、交流、切磋过程中自然增进了与他人之间的交往。所以，如果你想以球会友，以球怡情，谈天说地，增进友谊，保龄球实在是一个不错的选择。

运动中的饮食方法是什么？

现在越来越多的人已经开始加入到体育运动中，进行身体锻炼了，但是大部分人并不知道，“运动饮食”也影响着健身效果。科学合理的饮食会让训练效果事半功倍，因此只有根据运动量、运动时间等具体情况进行科学合理的搭配才能使锻炼最有效。

运动量

1. 运动量少于 1 小时饮食原则：

运动时间偏短，不需要额外补充食物，但要补充水分。建议：每 15 分钟喝 150~300 毫升水。

2. 运动量 1~3 小时饮食原则：

属于中等时间的运动，运动后最好及时给身体补充糖分以免出现低血糖。建议：可以补充含糖饮料，如体饮等运动饮料。或者喝白水，但准备有能够让糖分快速被吸收的食品，如果酱夹心饼干、水果干、谷物营养棒、果冻等。

3. 运动量超过 3 小时饮食原则：

属于较长时间的运动，需要准备大量的水以及能提供慢糖的食物，即糖分消耗较慢，逐步释放热量的食物。建议：每小时补充0.5升水以及小黄油饼干、杏仁糕、甜乳制品、新鲜水果等含慢糖的食物。

运动时间

1. 清晨运动饮食原则：

可以根据个人喜好，空腹运动或正常进食，但需注意在运动前、中、后补充足够的水分。如果想不发胖，感觉有点饿时，可以喝些饮品，如牛奶、果汁、豆浆等补充水分，又有饱足感，加片含纤维丰富的饼干或面包也可以。

2. 下午运动饮食原则：

在进行运动前3小时吃完午餐，并补充水分。想要不发胖，米饭或其他谷物类含碳水化合物的食物，可以使运动时精力充沛。如果做的是肌力训练，就应多吃含蛋白质的食物，比如海鲜或低脂酸奶，它们能帮助肌肉组织生长。

3. 晚间运动饮食原则：

饭后1小时内运动，常常容易感到疲劳，因为肌肉活动需要富含氧的血液，而此时血液都流往消化道了。一般来说，饭后3小时再做运动比较好。可以在运动后适度补水，但不要再大量补充食品，以免影响消化及睡眠。想要不发胖，晚餐时可以选择谷物类、新鲜水果、淀粉类蔬菜等能维持体力却又不致发胖的食物。注意应控制饭量，因为晚上新陈代谢率较低，所以很容易囤积多余的热量。如果晚餐吃得很少或没吃，可以补充一点葡萄干、麦片等，或者是酸奶、1小片低脂面包等。

运动前后

1. 运动前饮食原则：

以容易消化，又能提供糖类、可作为运动时的能量来源的低脂的碳水化合物为主。推荐：一道含淀粉的主菜（如米饭、通心粉、土豆），或其他谷类食物；2个水果。

2. 运动后饮食原则：

由于运动后体内的糖、脂肪、蛋白质会大量分解而产生较多的酸，因此使人常常感到肌肉酸痛，疲劳倦怠。如果此时再吃肉类或喝可乐等含糖高的酸性食品，反而会增加身体血液中的酸度，进而更为加重人体肌肉的酸痛程度，导致疲劳更无法及时消除。所以此时要补充碱性食品。

体力劳动为何不能代替体育运动？

体力劳动与体育运动仅是两字之差，但究竟体力劳动能否取代体育运动呢？虽然两者都是体力活动，也具有许多共同点，但两者所起的作用并不同等。相关专家经过多年的深入研究，得出了明确的结论：不能！

这是由于进行体力劳动时受条件的限制，身体往往需保持一定的体位或局限于某种固定的姿势，并重复做单一的活动，而这样活动的只是身体局部肌肉，其他部分肌肉则处于相对静止的状态，也就是说其锻炼效果是不平衡、不全面的。而参加体育运动则是不一样的。所以，体育运动不能与体力劳动相代替，具体来说，有以下原因。

1. 适当的体育运动可以消除疲劳：由于劳动和体育锻炼环境的不同，导致心情也不一样。人会因长时间的繁重体力劳动而产生疲劳和厌倦之感，而体育锻炼则不会产生这种情绪，它会使人变得愉快而富有朝气。众所周知，长时间的劳动会产生疲劳，而造成疲劳的一个因素是局部肌肉活动代谢物的积累。而进行适当的全身活动可促进全身血液循环，进而改善疲劳肢体的氧气和营养物质的供应，以此加快代谢废物的消除，使肌肉的收缩能力恢复正常，疲劳也会渐渐消失。

2. 体育活运对人体各器官的锻炼要比劳动的作用更大：劳动虽然对提高力量、速度、耐久力、灵巧、柔韧等身体素质有一定的效果，但是由于劳动特征本身的局限性，劳动过程中并不需要心、肺发挥最大能力，所以对有些器官的素质锻炼提高不够充分。而体育活动却是多种多样的，可以使全身各部位得到全面的、均衡的发展，能够使人体各器官机能的潜力得到充分发挥，因而对人体锻炼的作用更大。

3. 体育活动是提高身体素质、预防疾病的重要手段：体育活动在增强体质的同时，也提高了人体各器官对体内外各种环境变化的适应能力，所以大大提高人体对疾病的免疫力。

4. 体育活动可给人带来青春的活力：精神健康与躯体健康有着十分密切的关系，乐观、开朗等积极的情绪可以让人保持活力、延缓衰老。经常参加体育活动可给人带来青春的活力，使生活充满生气和欢乐，使人精神饱满，精力充沛。此外，体育活动还能引起交感神经的兴奋和肾上腺素分泌的增加，从而改善提高人体各器官的能力,改善肌肉代谢状况,促使疲劳的器官迅速恢复工作能力。从这一角度说,体育运动还是一种积极性的休息。

除此之外,体育锻炼还有助于培养勇敢顽强的坚强意识,丰富人们的文化生活,调节情感等。所有这些更是体力劳动所不能代替的。

青少年适合哪些健身运动?

由于青少年处于发育期的特殊阶段，所以他们的健身运动选择上和成人有所不同。该时期,打乒乓球、弹跳运动、长跑是最适合的健身运动。

1. 打乒乓球预防近视

打乒乓球能预防眼睛近视。由于造成近视的主要原因是眼睛疲劳。而打乒乓球过程中,双眼必须紧紧盯着穿梭往来、忽远忽近、旋转多变的对方快速来球,使眼球内部不断运动,血液循环增强,眼神经机能因此能够提高,因而能使眼睛疲劳减轻或消除,起到预防近视的作用。此外,打乒乓球是一项全身性运动,可以调动全身不同部位的器官、组织,并促进其协调性。

2. 弹跳运动健脑益智

运动最健脑,这是由于运动能促使脑中多种神经质的活力,使大脑的思维与反应更为活跃、敏捷。另外,运动能提高心脏功能,加快血液循环,进而使大脑得到更多氧气与养分。这些运动中尤以弹跳运动为佳,能供给大脑以充分的能量,堪称最优,常见的弹跳运动如跳绳、踢毽子、跳皮筋、舞蹈等。

3. 长跑有助于生长发育

生理医学研究发现，经过一年长跑训练的儿童，身体发育正常，值得一提的是，他们身高、体重的增长还略高于其他儿童，所以很多专家主张把一般耐力训练作为儿童训练的基础。以与长跑关系最为密切的心脏功能看，儿童心脏各项指标的绝对值虽比成人低，但若以每公斤体重计算，每搏输出量并不比成人低，由此可见儿童心脏有承受一定负荷的能力。综上所述，儿童长跑不但无碍健康，而且有助于生长发育。

需要注意的是，青少年毕竟机体发育未成熟，各器官功能潜力还较薄弱，因而即便是选择长跑，必须注意如下两点：①控制强度，跑速不能过快，要以匀速低强度为宜。长跑应以有氧代谢为主。均匀的慢速长跑能有效地促进青少年心肺功能的发展；相反，跑速太快，心肺负荷大，儿童机体就不易适应。②长跑时要量力而行，不要勉强跑力所不及的距离，只有从小有长跑习惯的人，以均匀慢速才可跑数千以至上万米距离。另外，青少年容易疲劳，也容易恢复，所以可在长跑途中作短暂休息。

怎样避免在运动中受伤？

如今，运动已经成了越来越多人重要的休闲娱乐方式之一，尤其对于很多年轻人来说，运动已经成为生活必不可少的组成部分。然而不能避免的是，受伤几乎成了所有运动者的一大烦恼。运动中受伤不仅会给你造成不同程度的伤痛，甚至残疾，还会带来精神上的烦恼。

然而，所有伤害都是可以预防和避免的。在运动过程中防止受伤的发生的最佳方法就是训练中严格遵守以下五个简单步骤：

1. 适当热身

练习前后顺序的合理性、正确性。因曾有调查表明，八成以上的运动受伤是由于突然增加运动量造成的。因此，一般运动者参加激烈的体育运动前，要主动向教练人员学习科学热身即准备活动的方法；在进入正式的体育运动之前，也要循序渐进地做好热身活动。这样，就能使身体各关节、肌肉的柔韧度增加，也能使心脑血管紧张度变得适合运动，并能使人对自己的体能状况“心中有数”，以便适度掌握运动量和强度。若是在寒冷天气，有必要多穿一些衣物来保温，并延长运动前的预热时间。可以采用一些柔韧性拉伸操作为活动的开始来预热肌体，时间在10分钟左右即可。通过热身，让血液充氧，并把能量物质输送到全身，也只有这样，人们才能避免激烈运动中的运动受伤。

2. 正确训练

正确训练，不但指身体每个部位训练方式的正确性，而且还包括安排每个练习前后顺序的合理性、正确性。比如，在练完胸部之后，接下来最佳的选择不是小腿练习，而是肩部。再比如说许多二头肌受伤大都发生在臂部训练的开始部分，即弯举练习。这是由于反握直杠、杠铃的方法不当，对肘关节造成过度的压力所致。因此建议，千万不要把杠铃弯举放在臂部训练的第一个动作。

3. 不要使肌肉过度疲劳

训练中的超负荷和过度训练是性质截然不同的两个概念，不能混淆。要根据自身实际情况,注意运动的“量”不要过度,不可让肌肉过度疲劳。当身体发出“我不行了”,“不能再练了”的信号时,而你又无视,继续我行我素的话,那么,你离受伤就不远了。

4. 集中精力

当你开始运动后,要集中你的注意力。运动过程中,眼睛要注视你和肌肉的动作,要知道那种漫不经心,边练边聊所造成的损伤随时可能发生。

5. 合理的营养

食物是我们获得能量的来源,合理的营养补充,可以帮助我们达到最佳状态。通过合理的营养,可以快速修复我们无意破坏的肌纤维,并且使之更加健壮,从而使受伤概率大大降低。

健美的标准是什么?

人体美是健、力、美三者的结合与统一,它既包含了生长发育健康而又包括完善的机体、发达有力的肌肉、优美的人体外形以及健康向上的精神气质。如今,健美成为很多人的业余爱好。

男性健美的标准,主要包括三个方面。

其一,肌肉发达,体魄健壮。

肌肉是人体力量的源泉,而且也是力量的象征,因而,健美的体型、健壮的体魄是和发达的肌肉密切相关的。在众多艺术家、人类学家和体育家的眼里,发达的肌肉以及健壮的体魄是人体美的必备因素。有了发达的颈肌可使人颈部挺直、强壮有力;发达的胸肌可使人的胸部变得坚实而挺拔;发达的肱二头肌、肱三头肌以及前臂肌群，可让手臂线条鲜明、粗壮有力；覆盖在肩部的三角肌可使肩部增宽，再加上发达的背阔肌，就会使躯干呈美丽的"V"型；有力的骶棘肌能固定脊柱，使上体挺直，避免弓腰驼背；发达的腹肌亦能增强腹压，保护内脏，还有利于缩小腰围，增强美感；发达的臀部肌肉和有力的下肢肌肉，能固定下肢，支持全身，给人以坚定有力之感。总之，发达而有弹性的肌肉是力量的源泉，也是健美的象征。

其二，体型匀称，线条鲜明。

体型能够反映人体的外部形象，所以体型无疑是构成人体健美的重要因素之一。从研究人体美的角度来看，体型可以分成胖型、瘦型和肌型(运动型)三类。

1. 胖型：其特点是上(肩宽)下(臀围)一般粗，躯干看起来像个圆水桶，腰围明显很大。腹壁的脂肪很厚，在腰两侧下垂，腹部松软，肚脐很深。胸部的脂肪多而下坠，有些女性化。通常都短粗颈、双下巴。体重往往超过标志体重约30.5%。

2. 瘦型：其特点和胖型相反，腰围很小，躯干上小下大，肩窄，胸平。四肢细长，肌肉不丰满，线条不明显。颈部细长，无双下巴。体重小于标准体重25%~35%。

3. 肌型(运动型)：其特点是肩宽、臀小，背阔肌大，上体呈倒三角形。腰围较细，腹部肌肉明显。四肢匀称，肌肉发达。颈部强壮有力，无双下巴。体重少于或超过标准体重5%左右。经常从事各项体育活动的人，尤其是运动员，多为肌型(运动型)。

其三，精神饱满，坚韧不拔。

精神饱满的外在的表现为皮肤健美、姿态端正、动作潇洒，其内在的表现则是富有朝气、勇敢顽强、坚韧不拔。

1. 皮肤健美，是人体美的重要因素。皮肤是健康状况的镜子，红光满面气色好的人看起来才会精神；相反，脸色发灰且精神疲惫的人，常常是身体衰弱多愁善感的病人。红润光泽的健康肌肤和经常的锻炼、适当的营养、正常的生活制度以及乐观的情绪等因素有关。

2. 姿态端正，动作潇洒。我们中华民族有着悠久的文明历史，历来重视人的一言一行、一举一动。正确优美的坐姿应该是抬头、挺胸、直腰、收腹，切忌含胸弓背；优美的站姿应该"三挺一睁"，即挺颈、挺胸、挺腿，两眼圆睁。要目视前方，头颈、躯干和脚在一条垂线上，两臂自然下垂。切忌弓腰挺腹，那种过分偏移重心到一腿的站姿。总之，优美的姿态和潇洒的动作，既符合人体解剖学和生理学的规律，又能给人以健美的印象。

3. 勇敢坚定，坚韧不拔。中华民族历来重视人的精神气质，在赞美英雄的形象和力量的同时，往往更突出地称颂英雄的宏伟气魄。同样，健美也是同外部表现的形体美和内在体现出的精神气质美的和谐统一，只有两者有机结合才能称得上真正的健美。因而，这就要求在进行健美锻炼的同时，也必须注意加强思想作风、意志品质、精神气质方面的内在修养。

由上所述，男性健美标准应该为：具有发达的肌肉、健壮的体魄、匀称的体型、魁梧的身材、端正的姿态、潇洒的风度，以及发自心灵深处的勇敢无畏、刚毅果断、坚韧顽强的精神气质的阳刚之美。

怎样健康上网？

互联网络是一把“双刃剑”，它既开启了一种全新的文化空间的同时，同时也对法律、道德带来了新的挑战，直接影响到人们的生活方式、价值观念、行为方式。尤其是发展到现在，上网已经成为青少年必不可少的重要休闲、娱乐方式。

绝大多数的青少年存在不健康的上网方式，其中最常见的就是网瘾。网瘾其基本症状，就是上网时间失控，欲罢不能，难以自拔，可以不吃饭不睡觉，但是不能不上网，即使他们意识到问题的严重性，但却仍会继续。网瘾外在表现为情绪低落、头昏眼花、双手颤抖、疲乏无力、食欲不振等等。上网成瘾问题不仅已经成为很多家庭的创伤和困扰，还引发了一系列的社会问题。那么，如何引导人们健康上网呢？

由于网络环境是开放的，不再存在绝对权威，人们有着求新求异、喜欢幻想、追求娱乐的强烈需求。互联网络的新奇性、虚拟性、游戏性正好满足了这些特殊的心理需求。相关专家指出，互联网络如果使用得当，能够给人们的工作和生活带来效率与方便，如果使用不当，“虚拟世界”有时也会令人迷失，甚至把真实和虚拟的世界混乱了。互联网络在使人们的交流和互动空前开放的同时，也隐含着某些对现在的法律、道德所形成的新的挑战。在形形色色的互联网络信息中，潜伏着各种有毒文化，比如具有消极意识形态作用的网络“黑色文化”，渲染色情、暴力的网络“色情文化”、“暴力文化”等等，这些都对人们带来各种消极、不良影响。

然而，从一定意义上说，互联网给人们带来的是效率和快乐，还是伤害和危险，关键的问题不在于互联网络本身，而在于人们如何把握和使用它。因此健康上网是极为重要的。

健康上网，其一是对上网内容的控制，其二是对上网时间的掌控。需要注意的是，上网时，电脑显示屏表面会产生大量的静电荷，这些静电荷对空气中的灰尘具有强烈的吸附作用。如果这些含有大量微生物和变态粒子的灰尘，长时间附着于人的皮肤，则可导致莫名其妙的皮肤病。长时间上网，人脑也长时间地处于“工作”状态，由此便产生诸如头晕(大脑缺氧)一类的症状。所以，一天的上网时间不宜连续超过4小时。因此在家庭中、同事同学间的相互提醒也是必要的，如此才会尽可能地实现心理和生理的全面健康。

五种假期休闲方式指的是什么？

随着社会的发展，人们在物质生活得到满足的同时，渐渐开始讲求生活品位，追求惬意、舒畅的生活。一般来说，大家通常的休闲方式可以分娱乐型、知识型、收藏型、体育型和旅游型五种。

娱乐型休闲，是最常见的一种。即兴、舒适、自得其乐，没有特定目的，单纯的放松、娱乐，此时禁锢的忧虑完全抛开。组织家庭舞会是好形式，只需备些瓜果、点心、饮料，可边吃边叙，既不累筋骨，又舒缓身心。琴棋书画、钓鱼、养花、养鸟都是富有情趣的活动，也是一种文化操练。

知识型休闲，是好学者的选择。改变往常的生活节奏，你可以利用周末时间较集中地学习一些知识或技能，以此增长见识，当然这种“补血”可以终生受益。如今知识的载体是多种多样的，包罗万象，报纸和杂志不错的都是“精神食品”，也是调节“七情”的能手。健康的阅读是健脑壮身、养生防疾的良方。常读书除了提高人的素养，还能安定人的情绪，净化人的心灵，因此是周末休闲不错的休闲方式。

收藏型休闲，收藏其实是很广泛的，尤其是到了今天。对于大多收藏的人来说集邮、集币、集报、藏石、藏书、藏画、藏瓷……是一种极为有益而且增趣的文化享受，而且集藏无需用太多的资金，随着集藏多了，自然能提高自己的文化修养。

体育型休闲，你可以选择在阳光、碧水及新鲜空气中自由自在，避开城市的杂乱，投进大自然的怀抱，去领略大自然的“田园牧歌”情趣，也可以选个风光旖旎的好去处，尽可能游山玩水，一饱眼福。其他如打球、骑马、下棋等体育活动，同样既放松身心，又是一种健身训练。

旅游型休闲，除了名山大川之外，你还可以选择“补看”以往没机会看的市区老景点、新胜地。

如今，随着休闲方式的变迁，全社会的学习气氛也浓郁起来，越来越多的人利用假日读书充电。图书馆内每逢节假日都坐满了如痴如醉的阅读者。同时闲暇时间的增加也引发教育市场升温，越来越多的人舍得花钱、花时间学习多种技能，获得考级证书，也因此一批新兴的培训学校和培训班应运而生。另外，艺术欣赏，插花、茶艺、收藏等丰富多彩的文化体育休闲同样在人们生活中所占的比重也越来越大。曾经只知道去大商场逛的人，如今也到图书馆、大剧院、音乐厅、艺术展览会、博物馆去消磨时间了。

常用读书方法有哪几种?

读书方法很多种,不同的读书方法适用于不同人,适当地选择读书方法可以提高读书的效率。一般来说,常见的读书方法有以下10种。

1. 泛读

泛读也就是广泛阅读,它指读书的面要广,要广泛涉猎各方面的知识,具备一般常识。真正意义上的泛读不仅要读自然科学方面的书,还要读社会科学方面的书,古今中外、各种不同风格的优秀作品都应广泛地阅读,以博采众家之长,开拓思路。

2. 精读

即要细读多思,反复琢磨,反复研究,边分析边评价,务求明白透彻,了解于心,以便吸取文字中的精华。对专业性的书籍以及名篇佳作,尤其应该采取这种方法。文章的“微言精义”,只有精心研究,细细咀嚼,才能“愈挖愈出,愈研愈精”。可以说,精读是最重要的一种读书方法。

3. 通读

即对书报杂志等从头到尾阅读,通览全篇,意在读懂,读通,了解全貌,以求一个完整的印象,取得“鸟瞰全景”的效果。对比较重要的书报杂志可采取这种方法。

4. 跳读

这是一种跳跃式的读书方法。读书时抓住书的筋骨脉络阅读,重点掌握各个段落的观点。可以把书中无关紧要的内容先放在一边。如果读书遇到疑问处，经反复思考仍不得其解时，也可以跳过去，向后继续读，就可前后贯通了。

5. 速读

这是一种快速读书的方法。即陶渊明曾说过的“好读书，不求甚解”。阅读时采取"扫描法”，一目十行，对文章迅速浏览一遍，只需了解文章大意即可。这种方法可以加快阅读速度，扩大阅读量，适用于阅读同类的书籍或参考书等。

6. 略读

这是一种粗略读书的方法。与精读相反，阅读时可以随便翻翻，略观大意；也可以只抓住评论的关键性语句，弄清主要观点，了解主要事实或典型事例即可。而这一部分内容往往在文章的开头或结尾，所以阅读时重点看标题、导语或结尾，就可大致了解，达到阅读目的。

7. 再读

有价值的书刊杂志不能仅读一遍，可以重复学习，做到“温故而知新”。著名思想家、文学家伏尔斯泰认为“重读一本旧书，就仿佛与老友重逢”。重复学习，有利于对知识加深理解，也是加深记忆的强化剂。

8. 写读

古人云：“不动笔墨不读书”，俗语也有“好记性不如烂笔头”之说。因此读书与作摘录、记心得、写文章等结合起来，达到手脑共用，既能积累大量的材料，还能有效地提高写作水平，此外还能增强阅读能力，将知识进一步转化为技能和技巧。

9. 序例读

也就是读书之前先读书的序言和凡例，了解内容概要，明确写书的纲领和目的，有指导、有步骤地进行阅读。读书之后，也可以再次读书序和凡例，以便加深理解，巩固提高。

10. 选读

即读书时要有所选择。古往今来，人类的文化宝藏极为丰富。一个人的精力、时间毕竟有限，如果不加选择，就不会收到良好的效果。阅读时，可以根据自己的情况，有针对性地选择书目，然后再进行阅读，这样才能达到事半功倍的效果。

看书有哪四不宜？

看书是一个良好的习惯，但是很多人看书时存在许多问题。看书有“四不宜”，有以下习惯的青少年要尤为注意。

1. 乘车时不宜看书。车上的人多、光线不足，如若长时间看书，必然会使眼睛承受很大的负担，极易损坏眼睛的健康。另外，车辆在行进中，左右摇晃，上下跳动，这种情况下，眼睛与被视书报间的距离变化不定，如果要看清书报上的字迹，必须不断调整焦距，这就很容易造成视神经的疲劳，而视神经的过度疲劳，必然会影响视力。

2. 阳光下不宜看书。在阳光下看书，让阳光直接照射眼睛，对眼睛造成刺激，是有危害的。

3. 卧床不宜看书。卧床看书，虽然比较舒服，但眼睛容易疲劳。此外，一个人躺在床上，肌肉放松，大脑的活动逐渐降低，中枢神经渐渐进入抑制状态，呼吸和心跳减慢，然而看书时，必须运用大脑，随着书中的情节和问题引起复杂的情绪变化，还要进行一些思考活动，这样就会使大脑神经中枢兴奋起来。这种兴奋和"躺下"所产生的自然的生理抑制状态相抵触，不仅会使记忆力、思考力减退，而且会使神经活动发生紊乱。久而久之，就会引起夜间失眠、睡不熟等一系列神经衰弱的症状。

4. 吃饭时不宜看书。吃饭时，机体血液集中胃部等，助其消化，大脑供血就相应减少，此时看书容易消化不良，而且影响食欲。

如何欣赏书法？

中国的书法之美，是其他国文字所不及的。现代著名书法家沈尹默说："世人公认中国书法是最高艺术，就是因为它能显出惊人奇迹，无色而具图画的灿烂，无声而有音乐的和谐，引人欣赏，心畅神怡。"一件优秀的书法作品是令人百看不厌，给人以极大的美的享受。然而并不是说每个人都能够从书法中获美感，要能领会其作品中所包含的美学意义，必须具备一定的欣赏能力，因此，欣赏书法也是一门学问。

而人们对于书法的兴趣和爱好，也往往是由于书法欣赏活动所引起的。书法欣赏是一种特殊的认识活动，有它本身的规律。研究和掌握这些规律，便可找到书法欣赏的途径。

其一，书法欣赏需要反复地观赏玩味。

由于书法欣赏既是一种认识活动，所以也就必然要遵循着人类认识活动的一般规律，有一个由表及里，由浅入深的过程，并且这种认识过程不是进行一次就完成的，而是不断循环往复，以至无穷。书法有其自身特点，是由点画、结体、章法等具象构成，但作为艺术品欣赏时，必须透过这些具象领略其力感、情感、气韵、风格等所产生的蕴涵美，因此书法艺术又具有相当抽象的特点，这就更需要较长时期的静观默察和反复的揣摩玩味。所以有时欣赏一幅作品，粗看时感觉似乎平淡无奇，只有细看才发现有惊人之妙，以致到后来越想看，越看越爱看。相传唐朝书法家欧阳询有一次在外出途中，偶然发现晋代书法家索靖写的碑，因此竟然流连忘返，不能自已。他先是站着看，然后坐着看，最后索性睡在碑下，细细看了三天才离去。

其二，书法欣赏的能动性。

书法被誉为“有情的图画、无声的音乐”。所以，书法欣赏也像美术、音乐欣赏一样，离不开联想和想象。如果欣赏者如同认字一样把书法作品看成一些刻板抽象的符号，那就根本谈不上书法美的欣赏，也就领略不到其中的美感。此外无论是石刻还是墨迹，现在呈现在人面前的都是静止不动的，只有通过想象才可以再现它曾经的美。

其三，书法欣赏带有主观色彩。

书法欣赏既然是一种艺术再创造，就不可避免带上再创造者的主观色彩。所谓“仁者乐山，智者乐水”，即是人们对这种审美的主观性的生动说法。书法欣赏因人而异：有的喜欢欧体的险劲美，也有的喜欢颜体的浑朴美，也有的喜欢柳体的挺美，还有的喜欢赵体的遒丽美……即便是同一个人，也会随着年龄、文化素养、生活阅历乃至情绪等的变化，对同一件书法作品也会有不同的审美感受。所有这些都是书法欣赏中的正常现象。然而，这并不是说书法审美没有标准，任何艺术形式都是有一定的审美标准的，只是我们不能片面强调书法艺术审美的主观性而否认书法美的普遍客观标准。

总体上来说，欣赏书法不仅是体会作品点画、结体、章法的匠心与功力，以及师承、流派、风格，更重要的是通过书法作品去感受书家的气质、情感，以及他们特殊的审美追求。书法家通过手和思想来创造，欣赏者则靠眼力来挖掘和发现作品中蕴藏的生命与灵魂，这也是一种再创造，而且这种再创造成效取决于欣赏者自身的知识、修养、阅历、心境等诸多因素。

绘画有哪些种类？

绘画，和音乐一样，是一种主要的艺术形式。绘画是运用线条、色彩和形体等艺术语言，通过造型、设色和构图等艺术手段，塑造出静态的视觉形象，以表达作者审美感受的艺术形式。绘画的种类繁多，从不同的角度可将它划分为不同的类别。

从地域看，绘画可分为东方绘画和西洋绘画；

从工具材料看，绘画可分为水墨画、油画、版画、水彩画、水粉画、壁画、岩画、布贴画等；

从题材内容看，绘画可分为人物画、风景画、静物画、动物画、风俗画、军事画、宗教画等；

从作品的形式看，绘画可分为壁画、年画、连环画、漫画、宣传画、插图等；

画面形式来分，有单幅画、组画、连环画、插画、细密画、架上画、卷轴画、镶嵌画、玻璃彩画等。

以上分类只是相对的，事实上一幅画往往分属几个不同的种类。不同类别的绘画形式，都有着各自独特的表现形式与审美特征。

中国画又称水墨画、国画。它在世界绘画领域中自成体系，独具特色，是东方绘画体系的主流。在工具材料上，中国画大多是采用毛笔、墨在宣纸、绢帛上作画的，它讲究笔墨，着眼于用笔墨造型。通常在表现方法上，中国画采用一种散点透视的方法。在画面的构成上，中国画讲究诗、书、画、印交相辉映，形成自己独特的形式美与内容美。

油画是西洋绘画的代表，它也是世界绘画艺术中最有影响的画种。在工具材料上，油画一般是用油质颜料在布、木板或厚纸板等画成的。在表现方法上，传统的油画家采用焦点透视法作画。在画面构成上，油画讲究画面景物充实，按自然的秩序布满画面，呈现出自然的真实境界，其雕刻和塑造的物质材料制作出具有实体形象、以表达思想情感的一种艺术形式。

电影院看电影时需要注意哪些事项？

如今，利用休闲时间，到电影院看电影的人越来越多，但是由于电影院是公共场所，所以还需要注意以下几点。

1. 提前购票，进场时核对场次、片名，对号入座。

2. 观看期间注意保持安静，不要喧哗，手机设为震动，吃东西不要发出声响等，尽量不要打扰他人。

3. 其间禁止吸烟，最好不要食用口香糖，注意保持环境卫生。

4. 一般情况下，电影院是禁止摄影、录像及录音的。

5. 自己贵重物品请妥善保管，散场时不要忘记带走。

6. 散场时观众应从指定出口离场。

欣赏音乐会时需要注意哪些事项？

为了满足人们的欣赏需求，音乐厅内上演的音乐会越来越多。而到音乐大厅欣赏高雅音乐会并不是一项单纯的娱乐活动，还需要注意以下几个方面。

1. 着装整洁、干净。

2. 根据时间，尽量提前一段时间入场，这样便于熟悉和了解演出曲目，更好地欣赏音乐会。

3. 一般音乐会对儿童的入场年龄有所限制，即使没有要求，家长也要自觉看护好自己的孩子，避免孩子的无知影响演出和欣赏。

4. 对号入座，不携带任何容易发出声音的物品(食品)入场，切记关闭手机；音乐会开始后，不得在场内随意走动和喧哗。

5. 音乐会开始后，迟到的观众不得入场，需在指定的地点安静地等候第一首作品结束后才可入场。

6. 演出当中，照相时不能使用闪光灯，以免干扰演奏者的注意力，影响音乐家的正常发挥。

7. 有特殊情况要提前退场的观众，应在一首乐曲结束时，指挥谢幕观众鼓掌的时候悄悄离开。

8. 欣赏演出，当乐队指挥或独唱演员出场时，应鼓掌；在演出当中，乐章之间的停顿要保持安静。当一首乐曲完全结束后，指挥会转过身来谢幕，此时观众才可以用鼓掌、喝彩来表示对艺术家们的感谢。

9. 演出结束后方可向音乐家献花，在音乐会演出中途登台献花是不适宜的。

10. 应尽可能看完整场演出后再离场。

出去旅游需要注意些什么？

如今，青少年中热衷出去旅游的人越来越多，但是外出旅游有很多是需要注意的，以便在旅游过程中避免不必要的麻烦，玩得更安全、更顺利、更开心。

1. 周密的旅游计划，即事先要制定时间、路线、膳宿的具体计划和带好导游图(书)、有关地图及车、船时间表及必需的行装(衣衫、卫生用品等)。

2. 带个小药包。外出旅游要带上一些常用药，因为旅行难免会碰上一些意外情况，如果随身带上个小药包，可做到有备无患。

3. 注意旅途安全。旅游有时会经过一些危险区域景点，如陡坡密林、悬崖蹊径、急流深洞等，在这些危险区域，要尽量结伴而行，千万不要独自冒险前往。

4. 尊重当地的习俗。俗话说“入乡随俗”，在进入少数民族聚居区旅游时，要尊重他们的传统习俗和生活中的禁忌，切不可忽视礼俗或由于言行的不慎而伤害他们的民族自尊心。

5. 注意卫生，品尝当地名菜、名点，无疑是一种享受，但一定要注意饮食饮水卫生，切忌暴饮暴食。

6. 谨防传染病，公共场所患有流感的人可通过谈话、打喷嚏、咳嗽等将细菌或病毒传染给他人。另外，车厢内的拉手、椅背扶手、车窗等部位，均有检出乙型肝炎表面抗原阳性的报道，因此要牢记常洗手。

7. 讲文明礼貌，任何时候、任何场合，对人都要有礼貌，事事谦逊忍让，自觉遵守公共秩序。

8. 爱护文物古迹，每到一地都应自觉爱护文物古迹和景区的花草树木，不任意在景区、古迹上乱刻乱涂。

9. 警惕上当受骗，即便是旅游景点也不能掉以轻心，切忌与陌生人轻易深交，勿泄“机密”，以防上当受骗造成自己经济、财物上的损失。

10. 进寺庙游览时与僧人见面常见的行礼方式为双手合十，微微低头，或单手竖掌于胸前、头略低，忌用握手、拥抱、摸僧人头部等不当之礼节。与僧人、道人交谈，不应提及杀戮之辞、婚配之事，以及提起食用腥荤之言，以免引起僧人反感。并且游历寺庙时不可大声喧哗、指点议论、妄加嘲讽或随便乱走，乱动寺庙之物，尤禁乱摸乱刻神像，如遇佛事活动应静立默视或悄然离开。